40
DL
0686-91060

D1536512

BIBLIOTECA DE LA UNIVERSITAT DE BARCELONA

0700948229

La transparencia del mal

Jean Baudrillard

La transparencia del mal

Ensayo sobre los fenómenos extremos

Traducción de Joaquín Jordá

EDITORIAL ANAGRAMA

BARCELONA

Título de la edición original:
La Transparence du Mal. Essai sur les phénomènes extrêmes
© Éditions Galilée
  París, 1990

Diseño de la colección:
Julio Vivas
Ilustración: «Tela tagliata», de Lucio Fontana, 1960,
  colección privada

Primera edición: febrero 1991
Segunda edición: septiembre 1993
Tercera edición: octubre 1995
Cuarta edición: octubre 1997
Quinta edición: abril 2001

© EDITORIAL ANAGRAMA, S.A., 1991
  Pedró de la Creu, 58
  08034 Barcelona

ISBN: 84-339-1345-X
Depósito Legal: B. 14074-2001

Printed in Spain

Liberduplex, S.L., Constitució, 19, 08014 Barcelona

Since the world drives to a delirious state of things, we must drive to a delirious point of view.

(Ya que el mundo adopta un curso delirante, debemos adoptar sobre él un punto de vista delirante.)

Es mejor perecer por los extremos que por las extremidades.

DESPUES DE LA ORGIA

Si fuera preciso caracterizar el estado actual de las cosas, diría que se trata del posterior a la orgía. La orgía es todo el momento explosivo de la modernidad, el de la liberación en todos los campos. Liberación política, liberación sexual, liberación de las fuerzas productivas, liberación de las fuerzas destructivas, liberación de la mujer, del niño, de las pulsiones inconscientes, liberación del arte. Asunción de todos los modelos de representación, de todos los modelos de antirrepresentación. Ha habido una orgía total, de lo real, de lo racional, de lo sexual, de la crítica y de la anticrítica, del crecimiento y de la crisis de crecimiento. Hemos recorrido todos los caminos de la producción y de la superproducción virtual de objetos, de signos, de mensajes, de ideologías, de placeres. Hoy todo está liberado, las cartas están echadas y nos reencontramos colectivamente ante la pregunta crucial: ¿QUÉ HACER DESPUÉS DE LA ORGÍA?

Ya sólo podemos simular la orgía y la liberación, fingir que seguimos acelerando en el mismo sentido, pero en realidad aceleramos en el vacío, porque todas las finalidades de la liberación quedan ya detrás de nosotros y lo que nos persigue y obsesiona es la anticipación de todos los resultados, la disponibilidad de todos los signos, de todas las formas, de todos los deseos. ¿Qué hacer entonces? Es el estado de simulación, aquel en que sólo podemos reestrenar todos los libretos porque ya han sido representados —real o virtualmente—. Es el estado de la utopía realizada, de todas las utopías realizadas, en el que paradójicamente hay que seguir viviendo como si no lo hubieran sido. Pero ya que lo son, y ya que no podemos mantener la esperanza de realizarlas, sólo nos resta hiperrealizarlas en una simulación indefinida. Vivimos en la reproducción indefinida de ideales, de fantasías, de imágenes, de sueños que ahora quedan a nuestras espaldas y que, sin embargo, tenemos que reproducir en una especie de indiferencia fatal.

En el fondo, la revolución se ha producido en todas partes, aunque de ninguna forma como se esperaba. En todas partes lo que ha sido liberado lo ha sido para pasar a la circulación pura, para ponerse en órbita. Con cierta perspectiva, podemos decir que la culminación ineluctable de toda liberación es fomentar y alimentar las redes. Las cosas liberadas están entregadas a la conmutación incesante y, por consiguiente, a la indeterminación creciente y al principio de incertidumbre.

Nada (ni siquiera Dios) desaparece ya por su final o por su muerte, sino por su proliferación, contaminación, saturación y transparencia, extenuación y exterminación, por una epidemia de simulación, transferencia a la existencia secundaria de la simulación. Ya no un modo fatal de desaparición, sino un modo fractal de dispersión.

Ya nada se refleja realmente, ni en el espejo, ni en el abismo (que sólo es el desdoblamiento al infinito de la conciencia). La lógica de la dispersión viral de las redes ya no es la del valor, ni, por tanto, de la equivalencia. Ya no hay revolución, sino una circunvolución, una involución del valor. A la vez una compulsión centrípeta y una excentricidad de todos los sistemas, una metástasis interna, una autovirulencia febril que les lleva a estallar más allá de sus propios límites, a trascender su propia lógica, no en la pura tautología sino en un incremento de potencia, en una potencialización fantástica donde interpretan su propia pérdida.

Todas estas peripecias nos remiten al destino del valor. Tiempo atrás, en un oscuro proyecto de clasificación, yo había invocado una trilogía del valor. Una fase natural del valor de uso, una fase mercantil del valor de cambio, una fase estructural del valor-signo. Una ley natural, una ley mercantil, una ley estructural del valor. Está claro que esas distinciones son formales, pero es un poco como en el caso de los físicos que cada mes inventan una nueva partícula. La última no expulsa a la anterior: se suceden y se suman en una trayectoria hipotética. Así pues, añadiré ahora una nueva partícula en la microfísica de los simulacros. Después de la fase natural, la fase mercantil, la fase estructural, ha llegado la fase fractal del valor. A la primera correspondía un referente natural, y el valor se desarrollaba en referencia a un uso natural del mundo. A la segunda correspondía un equivalente general, y el valor se desarrollaba en referencia a una lógica de la mercancía. A la tercera corresponde un código, y el valor se despliega allí en referencia a un conjunto de modelos. En la cuarta fase, la fase fractal, o también fase viral, o también fase irradiada del valor, ya no hay ninguna referencia, el valor irradia en todas las direcciones, en todos los intersticios, sin referencia a nada, por pura contigüidad. En esta fase fractal ya no existe equivalencia, ni natural ni general, ya no se puede hablar realmente de ley del valor, sólo existe una especie de *epidemia del valor*, de metástasis general del valor, de proliferación y de dispersión aleatoria. Para ser exactos, ya no habría que hablar de valor, puesto que esta especie de desmultiplicación y de reacción en cadena imposibilita cualquier evaluación. Ocurre una vez más como en la microfísica: es tan imposible calcular en términos de bello o feo, de verdadero o falso, de bueno o malo, como calcular a la vez la velocidad y la posición de una partícula. El bien ya no está en la vertical del mal, ya nada se alinea en abscisas y en coordenadas. Cada partícula sigue su propio movimiento, cada valor, fragmento de valor, brilla por un instante en el cielo de la simulación y después desaparece en el vacío, trazando una línea quebrada que sólo excepcionalmente coincide con la de las restantes partículas. Es el esquema propio de lo fractal, y es el esquema de nuestra cultura.

Cuando las cosas, los signos y las acciones están liberadas de su idea, de su concepto, de su esencia, de su valor, de su referencia, de su origen y de su final, entran en una autorreproducción al infinito. Las cosas siguen funcionando cuando su idea lleva mucho tiempo desaparecida. Siguen funcionando con una indiferencia total hacia su propio contenido. Y la paradoja consiste en que funcionan mucho mejor.

Así, la idea de progreso ha desaparecido, pero el progreso continúa. La idea de la riqueza que sustenta la producción ha desaparecido, pero la producción continúa de la mejor de las maneras. Por el contrario, se acelera a medida que se vuelve indiferente a sus finalidades originarias. Podemos decir de la política que su idea ha desaparecido, pero el juego político continúa con una indiferencia secreta respecto a su propia baza. Y de la televisión, que se desarrolla con una indiferencia total hacia sus propias imágenes (podría continuar así incluso en la hipótesis de una desaparición del hombre). ¿Es posible que todo sistema, todo individuo contenga la pulsión secreta de liberarse de su propia idea, de su propia esencia, para poder proliferar en todos los sentidos, extrapolarse en todas direcciones? Pero las consecuencias de esta disociación sólo pueden ser fatales. Una cosa que pierde su idea es como el hombre que ha perdido su sombra; cae en un delirio en el que se pierde.

Aquí comienza el orden, o el desorden metastásico, de desmultiplicación por contigüidad, de proliferación cancerosa (que ni siquiera obedece al código genético del valor). Entonces se difumina en cierto modo en todos los ámbitos la aventura de la sexualidad, de los seres sexuados —en beneficio de la fase anterior (?) de los seres inmortales y asexuados, reproduciéndose como los protozoos, por simple división de lo Mismo y declinación del código—. Los actuales seres tecnológicos, las máquinas, los clones, las prótesis, tienden en su totalidad hacia ese tipo de reproducción e inducen lentamente el mismo proceso en los seres llamados humanos y sexuados. Todos los intentos actuales, entre ellos la investigación biológica de vanguardia, tienden hacia la elaboración de esta sustitución genética, de reproducción secuencial lineal, de clonación, de partenogénesis, de pequeñas *machines célibataires*.

En la época de la liberación sexual, la consigna fue el máximo de sexualidad con el mínimo de reproducción. Hoy, el sueño de una sociedad clónica sería más bien el inverso: el máximo de reproducción con el menor sexo posible. Tiempo atrás, el cuerpo fue la metáfora del alma, después fue la metáfora del sexo, hoy ya no es la metáfora de nada, es el lugar de la metástasis, del encadenamiento maquinal de todos sus procesos, de una programación al infinito sin organización simbólica, sin objetivo trascendente, en la pura promiscuidad por sí misma que también es la de las redes y los circuitos integrados.

La posibilidad de la metáfora se desvanece en todos los campos. Es un aspecto de la transexualidad general que se extiende mucho más allá del sexo, en todas las disciplinas en la medida en que pierden su carácter específico y entran en un proceso de confusión y de contagio, en un proceso viral de indiferenciación que es el acontecimiento primero de todos nuestros nuevos acontecimientos. La economía convertida en transeconomía, la estética convertida en transestética y el sexo convertido en transexual convergen conjuntamente en un proceso transversal y universal en el que ningún discurso podría ser ya la metáfora del otro, puesto que, para que exista metáfora, es preciso que existan unos campos diferenciales y unos objetos distintos. Ahora bien, la contaminación de todas las disciplinas acaba con esta posibilidad. Metonimia total, viral por definición (o por indefinición). El tema viral *no es* una trasposición del campo biológico, pues todo está afectado al mismo tiempo y en la misma medida por la virulencia, por la reacción en cadena, la propagación aleatoria e insensata, la metástasis. Y es posible que nuestra melancolía proceda de ahí, pues la metáfora seguía siendo hermosa, estética, se reía de la diferencia y de la ilusión de la diferencia. Hoy, la metonimia (la sustitución del conjunto y de los elementos simples, la conmutación general de los términos) se instala en la desilusión de la metáfora.

Contaminación respectiva de todas las categorías, sustitución de una esfera por otra, confusión de los géneros. Así el sexo ya no está en el sexo, sino en cualquier parte fuera de él. La política ya no está en la política, infecta todos los campos: la economía, la ciencia, el arte, el deporte... El deporte, a su vez, ya no está en el deporte, está en los negocios, en el sexo, en la política, en el estilo general de la *performance*. Todo se ve afectado por el coeficiente deportivo de excelencia, de esfuerzo, de récord y de autosuperación infantil. Cada categoría pasa así por una transición de fase en la que su esencia se diluye en dosis homeopáticas, y después infinitesimales, en la solución de conjunto, hasta desvanecerse y dejar únicamente una huella imperceptible como en la memoria del agua.

Así el SIDA corresponde menos a un exceso de sexo y de goce que a una descompensación sexual por infiltración general en todos los ámbitos de la vida, a una ventilación del sexo en todas las variantes triviales del hechizo sexual. La inmunidad, la diferencia sexual y, por consiguiente, la misma sexualidad se pierden en el todo sexual. La confusión elemental de la epidemia se instala en esta difracción del principio de realidad sexual, en el nivel fractal, micrológico e inhumano.

Es posible que sigamos manteniendo la memoria del sexo de igual manera que el agua mantiene la de las moléculas infinitamente diluidas, pero precisamente sólo se trata de una memoria molecular, la memoria crepuscular de una vida anterior, no la memoria de las formas ni de las particularidades (¿acaso el agua puede mantener la forma de los rasgos de una cara, el color de unos ojos?). Así pues, mantenemos la huella de una sexualidad sin rostro, infinitamente diluida en el caldo de cultivo político, mediático, comunicacional, y finalmente en el desencadenamiento viral del SIDA.

Se nos ha impuesto la ley de la confusión de los géneros. Todo es sexual. Todo es político. Todo es estético. A la vez. Todo ha adquirido un sentido político, sobre todo a partir de 1968: la vida cotidiana, pero también la locura, el lenguaje, los media, al igual que el deseo, se vuelven políticos a medida que entran en la esfera de la liberación y de los procesos colectivos de masa. Al mismo tiempo, todo se ha vuelto sexual, todo es objeto de deseo: el poder, el saber, todo se interpreta en términos de fantasías y de inhibición, el estereotipo sexual se ha extendido por todas partes. Al mismo tiempo, todo se estetiza: la política se estetiza en el espectáculo, el sexo en la publicidad y el porno, el conjunto de las actividades en lo

que se ha dado en llamar la cultura, especie de semiologiza-
ción mediática y publicitaria que lo invade todo –el grado
Xerox de la cultura–. Cada categoría es llevada a su mayor
grado de generalización perdiendo con ello cualquier especifi-
cidad y reabsorbiéndose en todas las demás. Cuando todo es
político, ya nada es político, y la palabra carece de sentido.
Cuando todo es sexual, ya nada es sexual, y el sexo pierde
cualquier determinación. Cuando todo es estético, ya nada es
bello ni feo, y el mismo arte desaparece. Este paradójico estado de cosas, que es tanto la realización total de una idea –la
perfección del movimiento moderno– como su denegación
–su liquidación por su mismo exceso, por su extensión más
allá de sus propios límites–, puede ser reconquistado en una
misma figura: transpolítica, transexual, transestética.

Ya no existe vanguardia política, sexual ni artística que
responda a una capacidad de anticipación y, por consiguiente,
a una posibilidad de crítica radical en nombre del deseo, en
nombre de la revolución, en nombre de la liberación de las
formas. Este movimiento revolucionario ha pasado. El glo-
rioso movimiento de la modernidad no ha llevado a una
transmutación de todos los valores, como habíamos soñado,
sino a una dispersión e involución del valor, cuyo resultado es
para nosotros una confusión total, la imposibilidad de recon-
quistar el principio de una determinación estética, sexual o
política de las cosas.

El proletariado no ha conseguido negarse como tal, es la
evidencia de un siglo y medio de historia a partir de Marx. No
ha conseguido negarse como clase y con ello abolir la sociedad de clases. Tal vez se debe a que no era una clase, como se
ha dicho, a que sólo la burguesía era una auténtica clase y
que, por tanto, sólo ella podía negarse como tal. Cosa que ha
hecho realmente, y el capital con ella, engendrando una socie-

dad sin clases que no tiene nada que ver con la que hubiera resultado de una revolución y de una negación del proletariado como tal. El proletariado, por su parte, se ha limitado a desaparecer. Se ha desvanecido al mismo tiempo que la lucha de clases. No hay duda de que si el capital se hubiera desarrollado de acuerdo con su propia lógica contradictoria, habría sido derrotado por el proletariado. El análisis de Marx sigue siendo idealmente irreprochable, sólo que no había previsto la posibilidad para el capital —ante esta amenaza inminente— de, en cierto modo, transpolitizarse, de ponerse en órbita más allá de las relaciones de producción y de las contradicciones políticas, de autonomizarse en una forma flotante, extática y aleatoria, y de totalizar así el mundo a su imagen. El capital (pero ¿podemos seguir llamándole así?) establece el estancamiento de la economía política y de la ley del valor: así es como consiguió escapar a su propio fin. A partir de ese momento, funciona más allá de sus propias finalidades y de una manera completamente desprovista de referencias. El acontecimiento inaugural de esta mutación es, sin duda, la crisis de 1929; el crac de 1987 no fue más que un episodio ulterior del mismo proceso.

En la teoría revolucionaria existía también la utopía viva de la desaparición del Estado, de que la política se negara como tal en la apoteosis y la transparencia de lo social. No ha ocurrido nada de eso. Es cierto que la política ha desaparecido, pero no se ha trascendido en lo social sino que ha arrastrado lo social en su desaparición. Estamos en la transpolítica, o sea en el grado cero de lo político, que también es el de su reproducción y de su simulación indefinida. Pues todo lo que no se ha trasladado más allá de sí mismo tiene derecho a un *revival* interminable. Así pues, la política jamás acabará de desaparecer, pero no permitirá que aparezca nada en su lugar. Estamos en la histeresia de lo político.

Tampoco el arte ha conseguido, según la utopía estética de los tiempos modernos, trascenderse como forma ideal de vida (antes no tenía por qué superarse hacia una totalidad, pues ésta ya existía, y era religiosa). No se ha abolido en una idealidad trascendente sino en una estetización general de la vida cotidiana, ha desaparecido en favor de una circulación pura de las imágenes, en una transestética de la banalidad. El arte precede incluso al capital en esta peripecia. Si el episodio político decisivo fue la crisis estratégica de 1929, con la que el capital se abre a la era transpolítica de las masas, el episodio crucial en el arte fue sin duda Dada y Duchamp, en los que el arte, renegando de su propia regla de juego estética, se abre a la era transestética de la banalidad de las imágenes.

La utopía sexual tampoco se ha realizado. Habría consistido en que el sexo se negara como actividad separada y se realizara como vida total —algo con lo que sigue soñando la liberación sexual—: totalidad del deseo y de su cumplimiento en cada uno de nosotros, masculino y femenino simultáneamente, sexualidad soñada, asunción del deseo más allá de la diferencia de los sexos. Ahora bien, a través de la liberación sexual, la sexualidad sólo ha conseguido autonomizarse como circulación indiferente de los signos del sexo. Si bien estamos en vías de transición hacia una situación transexual, ésta no tiene nada de revolución de la vida por el sexo y sí todo de confusión y promiscuidad que se abren a la indiferencia virtual del sexo.

¿Acaso, de igual manera, el éxito de la comunicación y de la información no procede de la imposibilidad para la relación social de superarse en tanto que relación alienada? A falta de redoblarse en la comunicación, se multiplica en la multiplicidad de las redes y cae en la indiferencia de éstas. La comunicación es más social que lo social, es lo hiperrelacional, la socialidad superactiva por las técnicas de lo social. Ahora bien,

18

lo social en su esencia no es eso. Fue un sueño, un mito, una utopía, una forma conflictiva y contradictoria, una forma violenta, en cualquier caso un acontecimiento intermitente y excepcional. Al banalizar la interfaz, la comunicación conduce la forma social a la indiferencia. Por ello no existe una utopía de la comunicación. La utopía de una sociedad comunicacional carece de sentido, ya que la comunicación resulta precisamente de la incapacidad de una sociedad de superarse hacia otros fines. Lo mismo ocurre con la información: el exceso de conocimientos se dispersa indiferentemente por la superficie en todas direcciones, pero no hace más que conmutar. En la interfaz, los interlocutores están conectados entre sí como un enchufe y una toma eléctrica. «Eso» comunica, como acertadamente suele decirse, a través de una especie de circuito único, instantáneo, y para que eso comunique bien, es preciso que vaya rápido, no hay tiempo para el silencio. El silencio está expulsado de las pantallas, expulsado de la comunicación. Las imágenes mediáticas (y los textos mediáticos son como las imágenes) no callan jamás: imágenes y mensajes deben sucederse sin discontinuidad. Ahora bien, el silencio es precisamente este síncope en el circuito, esta ligera catástrofe, este lapsus que, en la televisión por ejemplo, se vuelve altamente significativo —ruptura cargada a la vez de angustia y de júbilo—, al sancionar que toda esta comunicación sólo es en el fondo un guión forzado, una ficción ininterrumpida que nos libera del vacío, el de la pantalla, pero también del de nuestra pantalla mental, cuyas imágenes acechamos con la misma fascinación. La imagen del hombre sentado y contemplando, un día de huelga, su pantalla de televisión vacía, será algún día una de las más hermosas imágenes de la antropología del siglo XX.

Vemos proliferar el Arte por todas partes, y más rápidamente aún el discurso sobre el Arte. Pero en lo que sería su genio propio, su aventura, su poder de ilusión, su capacidad de denegación de lo real y de oponer a lo real otro escenario en el que las cosas obedecieran a una regla de juego superior; una figura trascendente en la que los seres, a imagen de las líneas y colores en una tela, pudieran perder su sentido, superar su propio final y, en un impulso de seducción, alcanzar su forma ideal, aunque fuera la de su propia destrucción, en esos sentidos, digo, el Arte ha desaparecido. Ha desaparecido como pacto simbólico por el cual se diferencia de la pura y simple producción de valores estéticos que conocemos bajo el nombre de cultura: proliferación hacia el infinito de los signos, reciclaje de formas pasadas y actuales. Ya no existe regla fundamental, criterio de juicio ni de placer. Hoy, en el campo estético, ya no existe un Dios que reconozca a los suyos. O, según otra metáfora, ya no existe un patrón-oro del juicio y el placer estéticos. Le ocurre lo mismo que a las divisas: actualmente ya no pueden intercambiarse y cada una de ellas flota por sí misma, sin conversión posible en valor o en riqueza reales.

El arte se halla en la misma situación: en la fase de una circulación superrápida y de un intercambio imposible. La «obras» ya no se intercambian, ni entre sí ni en valor referencial. Ya no tienen la complicidad secreta que constituye la fuerza de una cultura. Ya no las leemos, sólo las descodificamos de acuerdo con unos criterios cada vez más contradictorios.

En el arte nada se contradice. La Neo-Geometría, el Nuevo Expresionismo, la Nueva Abstracción, la Nueva Figuración, todo coexiste maravillosamente en una indiferencia total. Como todas esas tendencias carecen de genio propio, pueden coexistir en un mismo espacio cultural. Como suscitan en nosotros una indiferencia profunda, podemos aceptarlas simultáneamente.

El mundo artístico ofrece un aspecto extraño. Es como si hubiera una estasis del arte y de la inspiración. Es como si lo que se había desarrollado magníficamente durante varios siglos se hubiera inmovilizado súbitamente, petrificado por su propia imagen y su propia riqueza. Detrás de todo el movimiento convulsivo del arte contemporáneo existe una especie de inercia, algo que ya no consigue superarse y que gira sobre sí en una recurrencia cada vez más rápida. Estasis de la forma viva del arte y, al mismo tiempo, proliferación, inflación tumultuosa, variaciones múltiples sobre todas las formas anteriores (la vida motor de lo que ha muerto). Todo ello es lógico: allí donde hay estasis, hay metástasis. Allí donde deja de ordenarse una forma viviente, allí donde deja de funcionar una regla de juego genético (en el cáncer), las células comienzan a proliferar en el desorden. En el fondo, dentro del desorden actual del arte podría leerse una ruptura del código secreto de la estética, de igual manera que en determinados desórdenes biológicos puede leerse una ruptura del código genético.

A través de la liberación de las formas, las líneas, los colores y las concepciones estéticas, a través de la mezcla de todas las culturas y de todos los estilos, nuestra sociedad ha producido una estetización general, una promoción de todas las formas de cultura sin olvidar las formas de anticultura, una asunción de todos los modelos de representación y de antirrepresentación. Si en el fondo el arte sólo era una utopía, es decir, algo que escapa a cualquier realización, hoy esta utopía se ha realizado plenamente: a través de los media, la informática, el vídeo, todo el mundo se ha vuelto potencialmente creativo. Incluso el antiarte, la más radical de las utopías artísticas, se ha visto realizado a partir del momento en que Duchamp instaló su portabotellas y de que Andy Warhol deseó convertirse en una máquina. Toda la maquinaria industrial del mundo se ha visto estetizada, toda la insignificancia del mundo se ha visto transfigurada por la estética.

Se dice que la gran tarea de Occidente ha sido la mercantilización del mundo, haberlo entregado todo al destino de la mercancía. Convendría decir más bien que ha sido la estetización del mundo, su puesta en escena cosmopolita, su puesta en imágenes, su organización semiológica. Lo que estamos presenciando más allá del materialismo mercantil es una semiurgia de todas las cosas a través de la publicidad, los media, las imágenes. Hasta lo más marginal y lo más banal, incluso lo más obsceno, se estetiza, se culturaliza, se museifica. Todo se dice, todo se expresa, todo adquiere fuerza o manera de signo. El sistema funciona menos gracias a la plusvalía de la mercancía que a la plusvalía estética del signo.

Con el *minimal art*, el arte conceptual, el arte efímero, el antiarte, se habla de desmaterialización del arte, de toda una estética de la transparencia, de la desaparición y de la desencarnación, pero en realidad es la estética la que se ha materializado en todas partes bajo forma operacional. A ello se debe, además, que el arte se haya visto forzado a hacerse *minimal*, a interpretar su propia desaparición. Lleva un siglo haciéndolo, obedeciendo todas las reglas del juego. Intenta, como todas las formas que desaparecen, reduplicarse en la simulación, pero no tardará en borrarse totalmente, abandonando el campo al inmenso museo artificial y a la publicidad desencadenada.

Vértigo ecléctico de las formas, vértigo ecléctico de los placeres: ésta era ya la figura del barroco. Pero, en el barroco, el vértigo del artificio también es un vértigo carnal. Al igual que los barrocos, somos creadores desenfrenados de imágenes, pero en secreto somos iconoclastas. No aquellos que destruyen las imágenes sino aquellos que fabrican una profusión de imágenes *donde no hay nada que ver*. La mayoría de las imágenes contemporáneas, vídeo, pintura, artes plásticas, audiovisual, imágenes de síntesis, son literalmente imágenes en las que no hay nada que ver, imágenes sin huella, sin sombra, sin consecuencias. Lo máximo que se presiente es que detrás de cada una de ellas ha desaparecido algo. Y sólo son eso: la huella de algo que ha desaparecido. Lo que nos fascina en un cuadro monocromo es la maravillosa ausencia de cualquier forma. Es la desaparición —bajo forma de arte todavía— de cualquier sintaxis estética, de la misma manera que en el transexual nos fascina la desaparición —bajo forma de espectáculo todavía— de la diferencia sexual. Las imágenes no ocultan nada, no revelan nada, en cierto modo tienen una intensidad negativa. La única e inmensa ventaja de una lata Campbell de Andy Warhol es que ya no obliga a plantearse la cuestión de lo bello y de lo feo, de lo real o de lo irreal, de la trascendencia o de la inmanencia, exactamente igual como los iconos bizantinos permitían dejar de plantearse la cuestión de la existencia de Dios —sin dejar de creer en él, sin embargo.

Ahí está el milagro. Nuestras imágenes son como los iconos: nos permiten seguir creyendo en el arte eludiendo la cuestión de su existencia. Así pues, tal vez haya que considerar todo nuestro arte contemporáneo como un conjunto ritual para uso ritual, sin más consideración que su función antropológica, y sin referencia a ningún juicio estético. Habríamos regresado de ese modo a la fase cultural de las sociedades primitivas (el mismo fetichismo especulativo del mercado artístico forma parte del ritual de transparencia del arte).

Nos movemos en lo ultra- o en lo infraestético. Inútil buscarle a nuestro arte una coherencia o un destino estético. Es como buscar el azul del cielo por el lado de los infrarrojos o los ultravioletas.

Así pues, en este punto, no encontrándonos ya en lo bello ni en lo feo, sino en la imposibilidad de juzgarlos, estamos condenados a la indiferencia. Pero más allá de la indiferencia, y sustituyendo al placer estético, emerge otra fascinación. Una vez liberados lo bello y lo feo de sus respectivas obligaciones, en cierto modo se multiplican: se convierten en lo más bello que lo bello o en lo más feo que lo feo. Así, la pintura actual no cultiva exactamente la fealdad (que sigue siendo un valor estético), sino lo más feo que lo feo (el *bad*, el *worse*, el *kitsch*), una fealdad a la segunda potencia en tanto que liberada de su relación con su contrario. Desprendidos del «verdadero» Mondrian, somos libres de pintar «más Mondrian que Mondrian». Liberados de los auténticos *naïf*, podemos pintar «más *naïf* que los *naïf*», etc. Liberados de lo real, podemos pintar más real que lo real: hiperreal. Precisamente todo comenzó con el hiperrealismo y el pop Art, con el ensalzamiento de la vida cotidiana a la potencia irónica del realismo fotográfico. Hoy, esta escalada engloba indeferenciadamente todas las formas de arte y todos los estilos, que entran en el campo transestético de la simulación.

En el propio mercado del arte existe un paralelo a esta escalada. También allí, al haber terminado con cualquier ley mercantil del valor, todo se vuelve «más caro que caro», caro a la potencia dos: los precios se vuelven desorbitados, la inflación delirante. De la misma manera que cuando desaparece la regla del juego estético éste comienza a corretear en todas direcciones, también cuando se pierde toda referencia a la ley de cambio, el mercado bascula en una especulación desenfrenada.

Idéntico desbocamiento, idéntica locura, idéntico exceso. La llamada publicitaria del arte está en relación directa con la imposibilidad de cualquier evaluación estética. El valor brilla en la ausencia del juicio de valor. Es el éxtasis del valor.

Por tanto, actualmente existen dos mercados del arte. Uno de ellos sigue regulándose a partir de una jerarquía de valores, aunque éstos sean ya especulativos. El otro está hecho a imagen de los capitales flotantes e incontrolables del mercado financiero; es una especulación pura, una movilidad total que, diríase, no tiene otra justificación que la de desafiar precisamente la ley del valor. Este mercado del arte tiene mucho de poker o de potlatch, de *space-opera* en el hiperespacio del valor. ¿Debemos escandalizarnos? No tiene nada de inmoral. De la misma manera que el arte actual está más allá de lo bello y de lo feo, también el mercado está más allá del bien y del mal.

TRANSEXUAL

El cuerpo sexuado está entregado actualmente a una especie de destino artificial. Y este destino artificial es la transexualidad. Transexualidad. Transexual no en el sentido anatómico, sino en el sentido más general de travestido, de juego sobre la conmutación de los signos del sexo y, por oposición al juego anterior de la diferencia sexual, de *juego de la indiferencia sexual*, indiferenciación de los polos sexuales e indiferencia al sexo como goce. Lo sexual reposa sobre el goce (es el *leitmotiv* de la liberación), lo transexual reposa sobre el artificio, sea éste el de cambiar de sexo o el juego de los signos indumentarios, gestuales, característicos de los travestis. En todos los casos, operación quirúrgica o semiúrgica, signo u órgano, se trata de prótesis y, cuando como ahora el destino del cuerpo es volverse prótesis, resulta lógico que el modelo de la sexualidad sea la transexualidad y que ésta se convierta por doquier en el lugar de la seducción.

Todos somos transexuales. De la misma manera que somos potenciales mutantes biológicos, somos transexuales en potencia. Y ya no se trata de una cuestión biológica. Todos somos *simbólicamente* transexuales.

Cicciolina, por ejemplo. ¿Existe una encarnación más maravillosa del sexo, de la inocencia pornográfica del sexo? Ha sido enfrentada a Madonna, virgen fruto del aerobic y de una estética glacial, desprovista de cualquier encanto y de cualquier sensualidad, androide musculado del que, precisamente por ello, se ha podido hacer un ídolo de síntesis. Pero ¿acaso Cicciolina no es también transexual? La larga cabellera platino, los senos sospechosamente torneados, las formas ideales de una muñeca hinchable, el erotismo liofilizado de cómic o de ciencia ficción y, sobre todo, la exageración del discurso sexual (jamás perverso, jamás libertino), transgresión total llaves en mano; la mujer ideal de los teléfonos rosa, más una ideología erótica carnívora que ninguna mujer asumiría actualmente —a no ser precisamente una transexual, un travestido: sólo ellos, como es sabido, viven unos signos exagerados, unos signos carnívoros de la sexualidad—. El ectoplasma carnal que es Cicciolina coincide aquí con la nitroglicerina artificial de Madonna, o con el encanto andrógino y frankensteiniano de Michael Jackson. Todos ellos son mutantes, travestis, seres genéticamente barrocos cuyo *look* erótico oculta la indeterminación genérica. Todos son «*gender-benders*», tránsfugas del sexo.

Michael Jackson, por ejemplo. Michael Jackson es un mutante solitario, precursor de un mestizaje perfecto en tanto que universal, la nueva raza de después de las razas. Los niños actuales no tienen bloqueo respecto a una sociedad mestiza: es su universo y Michael Jackson prefigura lo que ellos imaginan como un futuro ideal. A lo que hay que añadir que Michael Jackson se ha hecho rehacer la cara, desrizar el pelo, aclarar la piel, en suma, se ha construido minuciosamente: es lo que le convierte en una criatura inocente y pura, en el andrógino artificial de la fábula, que, mejor que Cristo, puede reinar sobre el mundo y reconciliarlo porque es mejor que un niño-dios:

un niño-prótesis, un embrión de todas las formas soñadas de mutación que nos liberarían de la raza y del sexo.

Se podría hablar también de los travestis de la estética, de los que Andy Warhol sería la figura emblemática. Al igual que Michael Jackson, Andy Warhol es un mutante solitario, precursor de un mestizaje perfecto y universal del arte, de una nueva estética para después de todas las estéticas. Al igual que Jackson, es un personaje completamente artificial, también él inocente y puro, un andrógino de la nueva generación, una especie de prótesis mística y de máquina artificial que, por su perfección, nos libera tanto del sexo como de la estética. Cuando Warhol dice: todas las obras son bellas, sólo tengo que elegir, todas las obras contemporáneas son equivalentes; o cuando dice: el arte está en todas partes, así que no existe, todo el mundo es genial, el mundo tal cual es, en su misma banalidad, es genial, nadie puede creerlo. Pero ahí describe la configuración de la estética moderna, que es de un agnosticismo radical.

Todos somos agnósticos, o travestis del arte o del sexo. Ya no tenemos convicción estética ni sexual, sino que las profesamos todas.

El mito de la liberación sexual permanece vivo en la realidad bajo muchas formas, pero en lo imaginario domina el mito transexual, con sus variantes andróginas y hermafroditas. Después de la orgía, el travestido. Después del deseo, la expansión de todos los simulacros eróticos, embarullados, y el kitsch transexual en toda su gloria. Pornografía posmoderna si se quiere, en la que la sexualidad se pierde en el exceso teatral de su ambigüedad. Las cosas han cambiado mucho desde que sexo y política formaban parte del mismo proyecto subversivo: si Cicciolina puede ser elegida actualmente diputada en el Parlamento italiano, es precisamente porque lo transexual y la transpolítica coinciden en la misma indiferencia irónica. Esta *performance*, inimaginable hace sólo unos pocos años, habla en favor del hecho de que no sólo la cultura sexual sino toda la cultura política ha pasado al lado del travestido.

Esta estrategia de exorcismo del cuerpo por los signos del sexo, de exorcismo del deseo por la exageración de su puesta en escena, es mucho más eficaz que la tradicional represión por la prohibición. Pero al contrario de la otra, ya no se acaba de ver a quien beneficia, pues todo el mundo la sufre indiscriminadamente. Este régimen del travestido se ha vuelto la base misma de nuestros comportamientos, incluso en nuestra búsqueda de identidad y de diferencia. Ya no tenemos tiempo de buscarnos una identidad en los archivos, en una memoria, ni en un proyecto o un futuro. Necesitamos una memoria instantánea, una conexión inmediata, una especie de identidad publicitaria que pueda comprobarse al momento. Así, lo que hoy se busca ya no es tanto la salud, que es un estado de equilibrio orgánico, como una expansión efímera, higiénica y publicitaria del cuerpo —mucho más una *performance* que un estado ideal—. En términos de moda y de apariencias, lo que se busca ya no es tanto la belleza o la seducción como el *look*.

Cada cual busca su *look*. Como ya no es posible definirse por la propia existencia, sólo queda por hacer un *acto de apariencia* sin preocuparse por ser, ni siquiera por ser visto. Ya no: existo, estoy aquí; sino: soy visible, soy imagen —*look, look!*—. Ni siquiera es narcisismo sino una extroversión sin profundidad, una especie de ingenuidad publicitaria en la que cada cual se convierte en empresario de su propia apariencia.

El *look* es una especie de imagen mínima, de menor definición, como la imagen vídeo, de imagen táctil, como diría McLuhan, que ni siquiera provoca la mirada o la admiración, como sigue haciendo la moda, sino un puro efecto especial, sin significación concreta. El *look* ya no es la moda, es una forma superada de la moda. Ni siquiera se basa en una lógica de la distinción, ya no es un juego de diferencias, *juega a la diferencia sin creer en ella*. Es la indiferencia. Ser uno mismo se ha vuelto una hazaña efímera, sin mañana, un amaneramiento desencantado en un mundo sin modales...

Retrospectivamente, este triunfo del transexual y del travestido arroja una extraña luz sobre la liberación sexual de las generaciones anteriores. Dicha liberación, lejos de ser, de acuerdo con su propio discurso, la irrupción de un valor erótico máximo del cuerpo, con asunción privilegiada de lo femenino y del goce, sólo habrá sido quizá una fase intermedia en el camino de la confusión de los géneros. La revolución sexual quizá sólo habrá sido una etapa en el camino de la transexualidad. En el fondo, es el destino problemático de toda revolución.

La revolución cibernética conduce al hombre, ante la equivalencia del cerebro y del *computer*, a la pregunta crucial: «¿Soy un hombre o una máquina?» La revolución genética que está en curso lleva a la cuestión: «¿Soy un hombre o un clon virtual?» La revolución sexual, al liberar todas las virtualidades del deseo, lleva al interrogante fundamental: «¿Soy un hombre o una mujer?» (por lo menos, el psicoanálisis habrá contribuido a este principio de incertidumbre sexual). En cuanto a la revolución política y social, prototipo de todas las demás, habrá conducido al hombre, dándole el uso de su libertad y de su voluntad propia, a preguntarse, según una lógica implacable, dónde está su voluntad propia, qué quiere en el fondo y qué tiene derecho a esperar de sí mismo —problema insoluble—. Ahí está el resultado paradójico de cualquier revolución: con ella comienzan la indeterminación, la angustia y la confusión. Una vez pasada la orgía, la liberación habrá dejado a todo el mundo en busca de su identidad genérica y sexual, cada vez con menos respuestas posibles, dada la circulación de los signos y la multiplicidad de los placeres. Así es como todos nos hemos convertido en transexuales. De la misma manera que nos hemos convertido en transpolíticos, es decir, seres políticamente indiferentes e indiferenciados, andróginos y hermafroditas, hemos asumido, digerido y rechazado las ideologías más contradictorias llevando únicamente una máscara, y transformándonos en nuestra mente, sin saberlo quizá, en travestis de la política.

Lo interesante del crac de Wall Street en 1987 es la incertidumbre respecto a la catástrofe. ¿Hubo, habrá, una auténtica catástrofe? Respuesta: no habrá catástrofe real porque vivimos bajo el signo de la catástrofe *virtual*.

Lo que ha aparecido en esta ocasión de una manera deslumbrante es la distorsión entre la economía ficticia y la economía real, y esta distorsión es la que nos protege de una catástrofe real de las economías productivas.

¿Es un bien, es un mal? Es lo mismo que la distorsión entre la guerra orbital y las guerras territoriales. Estas últimas prosiguen en todas partes, pero la guerra nuclear, en cambio, no estalla. Si no hubiera una desconexión entre las dos, hace tiempo que se habría producido el *clash* atómico. Estamos dominados por bombas, y catástrofes virtuales que no estallan: el crac bursatil y financiero internacional, el *clash* atómico, la bomba de la deuda del Tercer Mundo, la bomba demográfica. Evidentemente, puede decirse que todo eso estallará ineluctablemente un día, de la misma manera que se ha vaticinado, para los próximos cincuenta años, el deslizamiento sísmico de California en el Pacífico. Pero los hechos están ahí: nos hallamos en una situación en la que eso no estalla. La única realidad es esta desenfrenada ronda orbital de los capitales que, cuando se desmorona, no provoca un desequilibrio sustancial en las economías reales (al contrario que la crisis de 1929, cuando la desconexión de las dos economías estaba lejos de haber avanzado tanto). Sin duda, porque la esfera de los capitales flotantes y especulativos ha adquirido tal autonomía que ni siquiera sus convulsiones dejan huella.

Sin embargo, donde dejan una huella mortal es en la propia teoría económica, totalmente desarmada ante el estallido de su objeto. No menos desarmados están los teóricos de la guerra. Tampoco ahí estalla la Bomba, es la propia guerra la que se fragmenta en una guerra total y virtual, orbital, y múltiples guerras reales en el suelo. Las dos no tienen las mismas dimensiones, ni las mismas reglas, como tampoco las tienen la economía virtual y la economía real. Tenemos que habituarnos a esta partición, a un mundo dominado por esta distorsión. Claro que hubo una crisis en 1929, y la explosión de Hiroshima, y por tanto un momento de verdad del crac y del *clash*, pero ni el capital ha ido de crisis en crisis cada vez más graves (como pretendía Marx), ni la guerra ha ido de *clash* en *clash*. El acontecimiento se ha producido una sola vez, y basta. El resto es otra cosa: la hiperrealización del gran capital financiero, la hiperrealización de los medios de destrucción, ambas orbitalizadas por encima de nuestras cabezas en unos vectores que se nos escapan, pero que al mismo tiempo escapan a la propia realidad: hiperrealizada la guerra, hiperrealizada la moneda, ambas circulan en un espacio inaccesible, pero que al mismo tiempo deja al mundo tal cual es. Al fin y al cabo, las economías siguen produciendo, cuando la menor consecuencia lógica de las fluctuaciones de la economía ficticia tendría que haber bastado para aniquilarlas (no olvidemos que el volumen de los intercambios comerciales es hoy cuarenta y cinco veces menos importantes que el del movimiento de capitales). El mundo sigue existiendo, cuando la milésima parte de la potencia nuclear disponible tendría que haber bastado para abolirlo. El Tercer Mundo y el otro sobreviven, cuando la menor veleidad de intervenir la deuda bastaría para detener todos los intercambios. Por otra parte, también la deuda comienza a su vez a situarse en órbita, comienza a circular de un banco a otro, de un país a otro, revendiéndose; así es como se acabará por olvidarla, poniéndola en órbita como los detritus atómicos y tantas cosas más. Maravillosa esta deuda que gira, estos capitales ausentes que circulan, esta riqueza negativa que, sin duda, algún día cotizará también en Bolsa.

Cuando la deuda se hace demasiado molesta es expulsada a un espacio virtual en el que aparece como una catástrofe congelada en su órbita. La deuda se convierte en un satélite de la Tierra, como la guerra, como los miles de millones de dólares de capitales flotantes se han vuelto un enjambre-satélite que gira incansablemente alrededor de nosotros. Y sin duda es mejor así. En el tiempo que llevan girando y aunque estallen en el espacio (como los miles de millones «perdidos» en el crac de 1987), el mundo no ha cambiado, y es lo máximo que se puede esperar, ya que la esperanza de reconciliar la economía ficticia y la economía real es utópica: los miles de millones de dólares que flotan son intransferibles a la economía real —afortunadamente, por otra parte, pues si por milagro fuera posible reinyectarlos en las economías de producción, se produciría inmediatamente una auténtica catástrofe—. Mantengamos también la guerra virtual en órbita, pues ahí es donde nos protege; en su abstracción extrema, en su excentricidad monstruosa, lo nuclear es nuestra mejor protección. Y acostumbrémonos a vivir a la sombra de estas excrecencias: la bomba orbital, la especulación financiera, la deuda mundial, la superpoblación (para la cual todavía no se ha encontrado una solución orbital, pero no perdamos la esperanza). Tal cual son, se exorcizan en su exceso, en su misma hiperrealidad, y dejan el mundo en cierto modo intacto, liberado de su doble.

Segalen decía que a partir del momento en que se ha sabido realmente que la Tierra es una esfera, el viaje ha dejado de existir, puesto que alejarse de un punto en una esfera ya es comenzar a acercarse a él. En una esfera, la linealidad adopta una curva extraña, la de la monotonía. A partir del momento en que los astronautas han comenzado a girar alrededor de la Tierra, todos hemos comenzado a girar secretamente alrededor de nosotros mismos. La era orbital ha comenzado, y de ello forma parte el espacio pero también, en primerísimo lugar, la televisión, y muchas cosas más, entre ellas la ronda de las moléculas y las espirales del ADN en el secreto de nuestras células. Con la órbita de los primeros vuelos espaciales ha terminado la mundialización, pero el mismo progreso se ha vuelto circular, y el universo de los hombres se ha circunscrito a una vasta máquina orbital. Como dice Segalen, comienza el «turismo». El perpetuo turismo de personas que ya no viajan, propiamente hablando, sino que giran en redondo en su territorio cercado. Ha muerto el exotismo.

Pero la proposición de Segalen adquiere un sentido más amplio. No es solamente el viaje, es decir, el imaginario de la Tierra, la física y la metafísica del adelantamiento, del descubrimiento, lo que dejó de existir en favor de la mera circulación; es todo lo que tendía al adelantamiento, a la trascendencia, a la infinidad, que se dobla sutilmente para ponerse en órbita; el saber, las técnicas, el conocimiento, al dejar de tener un proyecto trascendente, comienzan a tejer una órbita perpetua. Así, la información es orbital: es un saber que ya no volverá a superarse a sí mismo, que no se trascenderá ni se reflejará más al infinito pero que tampoco toca tierra jamás, que no

35

tiene ancla ni referentes auténticos. Circula, gira, realiza sus revoluciones, a veces perfectamente inútiles (pero precisamente ya no se puede plantear la cuestión de la utilidad), y aumenta a cada espiral o a cada revolución. La televisión es una imagen que ya no sueña, que ya no imagina, pero que tampoco tiene nada que ver con lo real. Es un circuito orbital. La bomba nuclear, esté o no satelizada, también es orbital: ya no cesará de obsesionar a la Tierra con su trayectoria, pero tampoco está hecha para tocar suelo. Ya no es una bomba acabada, ni que encontrará su fin (por lo menos así se espera); está ahí, en órbita, y basta para el terror, o por lo menos para la disuasión. Ni siquiera hace pensar en el terror, la destrución es inimaginable, simplemente está ahí, en órbita, en suspenso, y en recurrencia indefinida. Podemos decir lo mismo de los eurodólares y de las masas de divisas flotantes... Todo se sateliza, podría decirse incluso que nuestro propio cerebro ya no está en nosotros, sino que flota alrededor de nosotros en las innumerables ramificaciones hertzianas de las ondas y los circuitos.

No es ciencia ficción, es simplemente la generalización de la teoría de McLuhan sobre las «extensiones del hombre». La totalidad del ser humano, su cuerpo biológico, mental, muscular, cerebral, flota en torno a nosotros bajo forma de prótesis mecánicas o informáticas. Sólo que por parte de McLuhan todo esto ha sido pensado como una expansión positiva, como la universalización del hombre a través de sus extensiones mediáticas. Es un punto de vista optimista. En realidad, en lugar de gravitar a su alrededor en orden *concéntrico*, todas las funciones del cuerpo del hombre se han satelizado a su alrededor en orden *excéntrico*. Se han puesto en órbita por sí mismas, y de golpe, en relación a esta extroversión orbital de sus propias funciones, de sus propias tecnologías; el hombre es quien se descubre en estado de exorbitación y de excentricidad. En relación a los satélites que ha creado y puesto en órbita, es el hombre con su planeta Tierra, con su territorio, con su cuerpo, quien actualmente se ha satelizado. De trascendente ha pasado a exorbitante.

Sólo existe el cuerpo del hombre cuyas funciones, satelizándose, le satelizan. Son todas las funciones de nuestras sociedades, especialmente las funciones superiores, las que se desprenden y pasan a órbita. La guerra, los intercambios financieros, la tecnoesfera, las comunicaciones se satelizan en un espacio inaccesible, dejando abandonado al resto. Todo lo que no accede a la potencia orbital es entregado al abandono, ahora sin apelación posible, ya que no hay recurso en una trascendencia cualquiera.

Estamos en la era de ingravidez. Nuestro modelo es este nicho espacial cuya energía cinética anula la de la Tierra. La energía centrífuga de las múltiples tecnologías nos alivia de cualquier gravedad y nos transfigura en una inútil libertad de movimientos. Libres de toda densidad y de toda gravedad, nos vemos arrastrados en un movimiento orbital que amenaza con ser perpetuo.

Ya no estamos en el crecimiento, estamos en la excrecencia. Estamos en la sociedad de la proliferación, de lo que sigue creciendo sin poder ser medido por sus propios fines. Lo excrecente es lo que se desarrolla de una manera incontrolable, sin respeto a su propia definición, es aquello cuyos efectos se multiplican con la desaparición de las causas. Es lo que lleva a un prodigioso atasco de los sistemas, a un desarreglo por hipertelia, por exceso de funcionalidad, por saturación. Sólo es comparable al proceso de las metástasis cancerosas: la pérdida de la regla del juego orgánico de un cuerpo posibilita que un conjunto de células pueda manifestar su vitalidad incoercible y asesina, desobedecer las propias órdenes genéticas y proliferar infinitamente.

Esto ya no es un proceso crítico: la crisis siempre depende de la causalidad, del desequilibrio entre las causas y los efectos, y encuentra o no su solución en un reajuste de las causas, mientras que en lo que nos concierne, son las causas las que se borran y se vuelven ilegibles, dejando su sitio a una intensificación de los procesos en el vacío.

Mientras en un sistema exista disfunción, desobediencia a unas leyes conocidas de funcionamiento, existe perspectiva de solución por superación. Lo que ya no depende de la crisis, sino de la catástrofe, sobreviene cuando el sistema se ha superado a sí mismo, ha dejado atrás sus propios fines y, por consiguiente, ya no se le puede buscar ningún remedio. La carencia jamás es dramática, lo fatal es la saturación: crea al mismo tiempo una situación de tetanización y de inercia.

Lo sorprendente es la obesidad de todos los sistemas actuales, la «gordura diabólica», como dice Susan Sontag, del cáncer, de nuestros dispositivos de información, de comunicación, de memoria, de almacenamiento, de producción y de destrucción, tan pletóricos que se sabe de antemano que no pueden ser utilizados. No somos nosotros quienes hemos terminado con el valor de uso, es el propio sistema el que lo ha liquidado con la superproducción. Se han producido y acumulado tantas cosas que ya no tendrán jamás ocasión de servir (cosa muy afortunada en el caso de las armas nucleares). Se han producido y difundido tantos mensajes y señales que ya no tendrán jamás ocasión de ser leídos. ¡Afortunadamente para nosotros! Pues con la ínfima parte de lo que absorbemos ya estamos en estado de electrocución permanente.

Existe una náusea especial en esta prodigiosa inutilidad. La náusea de un mundo que prolifera, que se hipertrofia y que no llega a parir. Tantas memorias, tantos archivos, tantas documentaciones que no llegan a parir una idea, tantos planes, tantos programas, tantas decisiones que no llegan a parir un acontecimiento, ¡tantas armas sofisticadas que no llegan a parir una guerra!

Esta saturación supera el excedente de que hablaba Bataille, que todas las sociedades han sabido siempre destruir con unos efectos de gasto inútil y suntuario. Ya no podemos gastar toda esta acumulación; sólo disponemos de una descompensación lenta o brutal en la que cada factor de aceleración actúa como factor de inercia, nos acerca al punto de inercia. Lo que denominamos crisis es el presentimiento de este punto de inercia.

Este doble proceso de tetanización y de inercia, de aceleración en el vacío, de inflación de la producción en la ausencia de apuesta y de finalidades sociales, refleja el doble aspecto que se ha convenido atribuir a la crisis: inflación y paro.

La inflación y el paro tradicionales son variables integradas en la ecuación del crecimiento. No existe en absoluto crisis a ese nivel; son procesos anómicos, y la anomia es la sombra de la solidaridad orgánica. Lo inquietante es la anomalía. La anomalía no es un síntoma claro, es un signo extraño de desfallecimiento, de infracción a una secreta regla de juego, o que por lo menos no conocemos. Se trata tal vez de un exceso de finalidad, no lo sabemos. Algo se nos escapa, nosotros nos escapamos en un proceso de no-retorno; hemos dejado atrás cierto punto de reversibilidad, de contradicción en las cosas y hemos entrado vivos en un universo de no-contradicción, de desbocamiento, de éxtasis, de estupefacción ante procesos irreversibles y que, sin embargo, carecen de sentido.

Hay algo mucho más anonadante que la inflación. Es la masa de divisas flotantes que rodea la Tierra en su ronda orbital. El único satélite artificial auténtico, la moneda, convertida en artefacto puro, de una movilidad sideral, de una convertibilidad instantánea, y que finalmente ha encontrado su verdadero sitio, más extraordinario que el Stock Exchange: la órbita en la que sale y se pone como un sol artificial.

También el paro ha cambiado de sentido. Ya no es una estrategia del capital (el ejército de reserva), ya no es un factor crítico en el juego de las relaciones sociales −si no, habiendo sido superada desde hace mucho tiempo la cota de alerta, habría debido dar lugar a unas conmociones increíbles−. ¿Qué es actualmente? También una especie de satélite artificial, un satélite de inercia, una masa, cargada de electricidad ni siquiera negativa, de electricidad estática, una fracción cada vez mayor de la sociedad que se congela. Detrás de la aceleración de los circuitos y de los intercambios, detrás de la exasperación del movimiento, algo en nosotros, en cada uno de nosotros, se detiene hasta desaparecer de la circulación. Y la sociedad entera comienza a gravitar alrededor de este punto de inercia. Es como si los polos de nuestro mundo se acercaran, y este cortocircuito produjera al mismo tiempo unos efectos exuberantes y una extenuación de las energías potenciales. Ya no se trata de una crisis, sino de un acontecimiento fatal, de una catástrofe al ralentí.

En dicho sentido, el regreso triunfal de la economía al orden del día no es la paradoja menor. ¿Se puede seguir hablando de «economía»? Esta actualidad deslumbrante ya no tiene el mismo sentido que en el análisis clásico o marxista, pues su motor ya no es la infraestructura de la producción material, ni la superestructura, sino la *desestructuración* del valor, la desestabilización de los mercados y las economías reales, el triunfo de una economía liberada de las ideologías, las ciencias sociales, y la historia, de una economía liberada de la

Economía y entregada a la especulación pura, de una economía virtual liberada de las economías reales (no realmente, claro está: virtualmente, pero justo ahora no es la realidad sino la virtualidad la que posee el poder), de una economía viral que coincide ahí con todos los restantes procesos virales. Es como un espacio de efectos especiales, de acontecimientos imprevisibles, de juego irracional que se convierte en el teatro ejemplar de la actualidad.

Soñamos, junto con Marx, con el final de la Economía Política, la extinción de las clases y la transparencia de lo social, de acuerdo con la lógica ineluctable de la crisis del Capital. Hemos soñado después con la denegación de los mismos postulados de la Economía y de la crítica marxista al mismo tiempo, alternativa que niega cualquier primacía de lo económico o de lo político —la economía simplemente abolida como epifenómeno, vencida por su propio simulacro y por una lógica superior.

Actualmente, ni siquiera podemos soñarlo: la Economía Política fenece bajo nuestros ojos, convirtiéndose por sí misma en una transeconomía de la especulación, que se ríe de su propia lógica (la ley del valor, las leyes del mercado, la producción, la plusvalía, la lógica clásica del capital) y que, por consiguiente, ya no tiene nada de económico ni de político. Un puro juego de reglas flotantes y arbitrarias, un juego de catástrofe.

Así pues, la Economía Política habrá terminado, pero en absoluto como se esperaba. Exacerbándose hasta la parodia. La especulación ya no es la plusvalía, es el éxtasis del valor, sin referencia a la producción ni a sus condiciones reales. Es la forma pura y vacía, la forma expurgada del valor, que ya sólo interpreta su propia revolución (su propia circulación orbital). Ha sido desestabilizándose a sí misma, monstruosamente, irónicamente en cierto modo, cómo la Economía Política ha puesto fin a cualquier alternativa. ¿Qué podemos oponer a semejante inflación que recupera a su manera la energía del poker, del potlach, de la parte maldita, que constituye en cierto modo la fase estética y delirante de la Economía Política? Este final inesperado, esta transición de fase, esta curva deformada es, en el fondo, más original que todas nuestras utopías políticas.

LOS ACONTECIMIENTOS SUPRACONDUCTORES

¿Qué vemos triunfar simultáneamente? El terrorismo como forma transpolítica, el SIDA y el cáncer como forma patológica, el transexual y el travestido como formas sexual y estética en general. Son las únicas formas actualmente fascinantes. Ni la liberación sexual, ni el debate político, ni las enfermedades orgánicas, ni siquiera la guerra convencional interesan ya a nadie (es una suerte en el caso de la guerra: muchas guerras no se producirán porque no habrán interesado a nadie). Las auténticas fantasías están en otra parte. Están en esas tres formas, salidas todas ellas del desajuste de un principio de funcionamiento esencial y de la confusión de efectos resultante. Cada una de ellas –terrorismo, travestismo, cáncer– corresponde a una exacerbación del juego político, sexual o genético, al mismo tiempo que a una deficiencia y a un hundimiento de los códigos respectivos de lo político, lo sexual y lo genético.

Todas ellas son formas virales, fascinantes, indiferentes, multiplicadas por la virulencia de las imágenes, pues los *mass media* modernos poseen en sí mismos una fuerza viral y su virulencia es contagiosa. Nos hallamos en una cultura de la irradiación de los cuerpos y de las mentes por las señales y las imágenes, y si esta cultura produce los más bellos efectos, ¿cómo sorprenderse de que produzca asimismo los virus más homicidas? La nuclearización de los cuerpos comenzó en Hiroshima, pero prosigue de manera endémica e incesante en la irradiación de los media, de las imágenes, de los signos, de los programas, de las redes.

Estamos mimados en materia de acontecimientos «supraconductores», de esta especie de intempestivos desencadenamientos intercontinentales que ya no afectan a estados, individuos o instituciones, sino a enteras estructuras transversales: el sexo, el dinero, la información y la comunicación.

El SIDA, el crac, los virus electrónicos, el terrorismo, no son intercambiables, pero tienen un aire de familia. El SIDA es una especie de crac de los valores sexuales; los ordenadores han desempeñado un papel «virulento» en el crac de Wall Street, pero, contagiados a su vez, están amenazados por un crac de los valores informáticos. El contagio no sólo es activo en el interior de cada sistema, juega de un sistema a otro. El conjunto gira en torno a una figura genérica: la catástrofe. Claro está que los signos de este desarreglo llevaban mucho tiempo presentes: el SIDA en estado endémico, el crac con su famoso precedente de 1929 y su riesgo siempre actual, los pirateos y los accidentes electrónicos con ya veinte años de historia. Pero la conjunción de todas estas formas endémicas y su paso casi simultáneo al estado de anomalía galopante crean una situación original. Los efectos no son necesariamente del mismo orden en la conciencia colectiva: el SIDA puede ser vivido como una auténtica catástrofe, el crac, por el contrario, aparece más bien como un juego de catástrofe, y en cuanto al virus electrónico puede ser dramático en sus consecuencias, pero no por ello deja de ser de una ironía desternillante, y la repentina epidemia que se cierne sobre los *computers* puede desencadenar, por lo menos en la imaginación, un justificado júbilo (salvo para los profesionales).

Otros aspectos contribuyen al mismo efecto. El arte es presa en todas partes de lo falso, de la copia, de la simulación y simultáneamente de la inflación delirante del mercado del arte —auténtica metástasis de un cuerpo irradiado por el dinero—. El terrorismo. Nada se parece más a la reacción en cadena del terrorismo en nuestras sociedades irradiadas (¿por qué?, ¿por la superfusión de la felicidad, de la seguridad, de la información y de la comunicación?, ¿por la desintegración de los núcleos simbólicos, de las reglas fundamentales, de los contratos sociales? Who knows?), que la del SIDA, de los *raiders*, de los *hackers*. Y el contagio del terrorismo, su fascinación, es tan enigmático como el de todos esos fenómenos. Cuando un constructor de logiciales introduce una *soft bomb* en el programa, jugando con su destrucción como medio de presión, ¿qué hace sino tomar el prograna y todas sus operaciones como rehenes? ¿Y qué hacen los *raiders* sino tomar y conservar unas empresas como rehenes, especulando sobre su muerte o su resurrección en Bolsa? Todos estos efectos operan sobre el mismo modelo que el terrorismo (los rehenes tienen un valor de cotización como las acciones o los cuadros), pero también se podría interpretar el terrorismo a partir del modelo del SIDA, del virus electrónico o de la OPA bursátil: no existe privilegio del uno sobre los otros, es una misma constelación de fenómenos. (Ejemplo reciente: la puesta en circulación de un disquete de informaciones sobre el SIDA que contenía un virus destructor de los ordenadores.)

¿Ciencia ficción? Apenas. En la información y la comunicación, el valor del mensaje es también el de su circulación pura, por el hecho de que pasa de imagen en imagen y de pantalla en pantalla. Todos disfrutamos de este nuevo valor centrífugo como espectáculo (la Bolsa, el mercado del arte, los *raiders*). Todos lo disfrutamos como la escampada espectacular del capital, su delirio estético. Al mismo tiempo, disfrutamos de la patología secreta de este sistema, de los virus que acuden a injertarse en esta maquinaria tan hermosa para estropearla. Pero en realidad los virus forman parte de la coherencia hiperlógica de nuestros sistemas, adoptan todos los caminos, abren incluso otros nuevos (los virus electrónicos exploran unas fronteras de las redes que ni las mismas redes habían previsto). Los virus electrónicos son la expresión de la transparencia homicida de la información a través del mundo. El SIDA es la emanación de la transparencia homicida del sexo a escala de grupos enteros. Los cracs bursátiles son la expresión de la transparencia homicida de las economías entre sí, de la circulación fulgurante de los valores que es la base misma de la liberación de la producción y de los intercambios. Una vez «liberados», todos los procesos entran en superfusión, a imagen de la superfusión nuclear, que es su prototipo. Esta superfusión de los procesos de acontecimientos no es el menor encanto de nuestra época.

Tampoco la imprevisibilidad es el menor de sus encantos. De todos modos, basta la aparición de una previsión para suscitar las ganas de desmentirla. Con frecuencia, el acontecimiento se encarga de hacerlo. Existen, además, algunos acontecimientos demasiado previsibles que tienen la cortesía de no producirse, al contrario de los que surgen sin avisar. Hay que apostar a favor de estos retornos de coyuntura −de la misma manera que se habla de los retornos de pasión−; hay que apostar a favor del *Witz de los acontecimientos.* Aunque perdamos, tendremos por lo menos el placer de haber desafiado la necedad objetiva de las probabilidades. Se trata de una función vital, forma parte del patrimonio genético de la colectividad. Es, además, la única función intelectual auténtica, la que se burla de la contradicción, de la ironía, de lo contrario, del fallo, de la reversibilidad, la que siempre desobedecerá a la ley y a la evidencia. Y si actualmente los intelectuales ya no tienen nada que decir, es que esta función irónica se les ha escapado, porque se mantienen en el terreno de la conciencia moral, política o filosófica, cuando el juego ha cambiado y toda la ironía, toda la crítica radical, ha pasado al lado de lo aleatorio, de la virulencia, de la catástrofe, de la inversión accidental o sistemática —nueva regla de juego, principio de incertidumbre, hoy soberano en todo y fuente de un intenso placer intelectual (sin duda también de un placer *espiritual*)—. Por ejemplo, el ataque del virus a los ordenadores; algo en nuestro interior se estremece de alegría ante un acontecimiento semejante, no por gusto perverso de la catástrofe ni propensión a lo peor, sino porque surge ahí un afloramiento de lo fatal cuya aparición provoca siempre en el hombre un sentimiento de exaltación.

Lo fatal se produce siempre que un mismo signo preside la aparición y desaparición de algo, cuando el mismo astro reina sobre el desastre o, dado el caso, cuando la lógica de expansión de un sistema ordena su destrucción. Lo fatal es lo contrario del accidente. El accidente reside en la periferia, lo fatal en el corazón del sistema (pero lo fatal no siempre es desastroso, lo imprevisible puede ser el encanto). Sin embargo, esto no quiere decir que no recuperemos, aunque sea a dosis homeopáticas, algo de esta demonicidad incluso en las pequeñas anomalías, los pequeños trastornos que alteran nuestro universo estadístico.

¿Se puede confiar con absoluta seguridad en este tipo de Witz de los acontecimientos? Claro que no. Pero precisamente la evidencia jamás es segura. A fuerza de ser incontestable, la propia verdad pierde la cara y la propia ciencia pierde el culo, que permanece pegado al asiento. Así pues, no es una hipótesis escolar suponer que la verdad estadística siempre puede ser desmentida. Es una esperanza procedente de la quintaesencia del genio maligno colectivo.

Antes se hablaba del silencio de las masas. Este silencio fue el acontecimiento de la generación anterior. Hoy, ya no actúan mediante la defección sino mediante la infección. Infectan los sondeos y las previsiones con su fantasía heteróclita. Ya no es determinante su abstención o su silencio (visión todavía nihilista) sino su utilización de los propios mecanismos de la incertidumbre. Las masas representaban a las mil maravillas su servidumbre voluntaria y ahora representan su incertidumbre involuntaria. Eso significa que a espaldas de los expertos que se ocupan de ellas y de los manipuladores que creen influenciarlas, han comprendido que la política está virtualmente muerta, pero que el nuevo juego al que se les ha invitado a jugar, tan excitante como el de las fluctuaciones bursátiles, es aquel donde traen al retortero las audiencias, los carismas, las tasas de prestigio, la cotización de las imágenes, con una insostenible ligereza. Se las ha desmoralizado y desideologizado conscientemente para convertirlas en la presa viviente del cálculo de probabilidades; hoy son ellas las que desestabilizan todas las imágenes y se ríen de la verdad política. Juegan a lo que se les ha enseñado a jugar, a la Bolsa de las cifras y de las imágenes, a la especulación total, con la misma inmoralidad que los especuladores. Frente a la incertidumbre estúpida, a la banalidad inexorable de las cifras, las masas encarnan en el tiempo, en materia sociológica, el principio de incertidumbre. Si el sistema de los poderes organiza como puede el orden estadístico (y el orden social es actualmente un orden estadístico), las masas, por su parte, velan secretamente sobre el desorden estadístico.

De esta disposición viral, diabólica, irónica y reversible

cabe esperar algún efecto inédito, algún Witz de acontecimientos.

Esta sociedad ya sólo produce acontecimientos inseguros,
cuya elucidación es improbable. Antes, un acontecimiento estaba hecho para producirse, hoy está hecho para ser producido. Así pues, se produce siempre como artefacto virtual,
como un travestido de las formas mediáticas.

El virus informático que ha devastado durante cinco horas
toda la red científica y militar americana sólo era *quizá* un test
(Virilio), una experiencia de los propios servicios secretos mi-
litares americanos. Un acontecimiento producido y simulado.
Así pues, se trata de un accidente auténtico, que demuestra la
virulencia incontestable de los virus, o de una simulación total, que demuestra que la mejor estrategia actual es la de la desestabilización calculada y el engaño. ¿Dónde está el quid de
la historia? Y aunque la hipótesis de una simulación experimental fuera verdadera, no asegura por completo el dominio
del proceso. El virus-test puede llegar a ser un virus devasta-
dor. Nadie controla las reacciones en cadena. Entonces ya no
se trata de un accidente simulado, sino de un accidente de la
simulación. Además, sabemos que cualquier accidente o catástrofe natural puede ser reivindicado como acto terrorista, o vi-
ceversa. No hay término para la inflación de las hipótesis.

Es ahí, además, donde todo el sistema es globalmente terrorista. Pues el terror no es tanto el de la violencia y el accidente como el de la incertidumbre y la disuasión. Un grupo
que había simulado un atraco ha recibido un castigo más se-
vero que si se hubiera tratado de un atraco real: el atentado
contra el principio mismo de realidad es una falta más grave
que la agresión real.

Lo que resta es la inmensa incertidumbre que está en el corazón mismo de la euforia tradicional. Las ciencias se han adelantado a esta situación pánica; el desvanecimiento de las posiciones respectivas del sujeto y del objeto en la interfaz experimental genera un estatuto definitivo de incertidumbre en cuanto a la realidad del objeto y a aquella, objetiva, del saber. La misma ciencia parece sometida a la influencia de atractores extraños, al igual que la economía, cuya resurrección parece vinculada a la imprevisibilidad total que reina en ella. Y la expansión repentina de las técnicas de información, unida a la incertidumbre del saber que circula por ellas.

¿Son todas estas técnicas parte adherente del mundo real? En absoluto. El envite de la técnica y de las ciencias parece ser más bien el de enfrentarnos a un mundo definitivamente irreal, más allá de todo principio de verdad y de realidad. La revolución contemporánea es la de la incertidumbre.

Nos cuesta aceptarlo. Y la paradoja está en que confiamos escapar a ello con más información y comunicación, agravando con ello la relación de incertidumbre. Apasionante fuga hacia adelante: la carrera en persecución de las técnicas y de sus efectos perversos, del hombre y de sus clones sobre la pista del anillo de Moebius no ha hecho sino comenzar.

LA BLANCURA OPERACIONAL

Paradójicamente, esa incertidumbre proviene de un exceso de positividad, de una baja inexorable de la tasa de negatividad. Una especie de leucemia se ha apoderado de nuestras sociedades, algo así como una disolución de la negatividad en una euforia bajo perfusión. Ni la Revolución, ni la filosofía de las luces, ni la utopía crítica se han realizado en una superación de las contradicciones, y si los problemas se han solucionado, ha sido por la ruptura de la balanza negativa, por la dispersión de las energías malditas al hilo de una simulación totalmente entregada a la positividad y a la facticidad mediante la instalación de una transparencia definitiva. Es un poco como el hombre que ha perdido su sombra: o se ha vuelto transparente a la luz que le atraviesa, o es iluminado por todas partes, sobreexpuesto sin defensa a todas las fuentes de luz. Así que nos hallamos iluminados por todas partes por las técnicas, por las imágenes, por la información, sin poder refractar esa luz, y estamos entregados a una actividad blanca, a una socialidad blanca, al blanqueo de los cuerpos como del dinero, el cerebro y la memoria, a una asepsia total. Se blanquea la violencia, se blanquea la historia en una gigantesca maniobra de cirugía estética al término de la cual sólo existen una sociedad y unos individuos incapaces de violencia, incapaces de negatividad. Ahora bien, todo lo que ya no se puede negar como tal queda entregado a la incertidumbre radical y a la simulación indefinida.

Estamos en plena compulsión quirúrgica que tiende a amputar las cosas de sus rasgos negativos y a remodelarlas idealmente mediante una operación de síntesis. Cirugía estética: el azar de un rostro, su belleza o su fealdad, sus rasgos distintivos, sus rasgos negativos; habrá que reparar todo eso y convertirlo en algo más bello que la belleza: un rostro ideal, un rostro quirúrgico. También podemos rehacernos el signo astrológico, el signo de nuestro nacimiento, sincronizar nuestro signo astral y nuestro modo de vida: véase el proyecto, hasta ahora utópico pero no sin futuro, de un Instituto de Cirugía Zodiacal donde obtendríamos, mediante unas cuantas manipulaciones apropiadas, el signo de nuestra elección.

También podremos cambiar a nuestro antojo el sexo al que pertenecemos, la pequeña parte del destino que nos queda, nuestro mínimo de fatalidad y de alteridad. Sin hablar de la cirugía estética de los espacios verdes, de la naturaleza, de los genes, de los acontecimientos y de la historia (la Revolución revisada y corregida, sesgada en el sentido de los derechos del hombre). Todo debe ser postsincronizado según unos criterios de conveniencia y de compatibilidad óptimas. En todas partes se llega a esa formalización inhumana del rostro, de la palabra, del sexo, del cuerpo, de la voluntad, de la opinión pública. Todo resplandor de destino y negatividad debe ser expulsado en favor de algo parecido a la sonrisa del difunto en los *funeral homes*, en provecho de una redención general de los signos en una gigantesca maniobra de cirugía plástica.

Todo debe sacrificarse a una generación operacional de las

cosas. La producción ya no es la Tierra que produce, el trabajo que crea la riqueza (los famosos esponsales de la Tierra y el Trabajo); el Capital es lo que *hace producir* a la Tierra y al Trabajo. El trabajo ya no es una acción, es una operación. El consumo no es ya un goce puro y simple de los bienes, es un hacer-disfrutar, una operación modelada y valorada sobre la gama diferencial de los objetos-signos.

La comunicación ya no es hablar, es hacer-hablar. La información ya no es saber, es hacer-saber. El auxiliar «hacer» indica que se trata de una operación, no de una acción. En la publicidad, la propaganda, ya no se trata de creer sino de hacer-creer. La participación no es una forma social activa ni espontánea, está siempre inducida por una especie de maquinaria o de maquinación, es un hacer-actuar, como la animación u otras cosas semejantes.

Hoy hasta el querer está mediado por unos modelos de la voluntad, por el hacer-querer, que son la persuasión o la disuasión. Por mucho que todas estas categorías sigan teniendo un sentido, querer, poder, creer, saber, actuar, desear y gozar han sido, por decirlo de algún modo, hurtadas por una única modalidad auxiliar: la del «hacer». En todas partes el verbo activo ha cedido su puesto al auxiliar factitivo, y la misma acción tiene menos importancia que el hecho de que sea producida, inducida, solicitada, mediatizada, tecnificada.

No debe haber saber que no resulte de un hacer-saber. No debe haber hablar que no resulte de un hacer-hablar, es decir, de un acto de comunicación. No debe haber acción que no resulte de una interacción, si es posible con pantalla de control y *feed-back* incorporado. Pues lo que caracteriza precisamente la operación, al contrario de la acción, es que está necesariamente regulada en su desarrollo —en caso contrario, no comunica—. Habla, pero no comunica. La comunicación es operacional o no es. La información es operacional o no es.

Todas nuestras categorías han entrado de ese modo en la era de la facticidad, donde ya no se trata de querer sino de hacer querer, ni de hacer, sino de hacer hacer, ni de valer, sino de hacer valer (toda la publicidad), ni de saber, sino de hacer saber —y, *last but not least*, no se trata de gozar sino de hacer gozar—. Es el gran problema actual: de nada sirve gozar, hay que hacer gozar a uno mismo, a los demás. Gozar se vuelve un acto de comunicación; tú me recibes, yo te recibo, se intercambia el goce como una *performance* interactiva. Alguien que pretendiera gozar sin comunicar sería un estúpido. ¿Las máquinas de comunicar gozan? Es otra historia, pero si imaginamos unas máquinas de gozar, sólo podrían estar hechas a partir del modelo de las máquinas de comunicar. Existen por otra parte: son nuestros propios cuerpos inducidos a gozar, nuestros cuerpos hechos-gozar por las más sutiles técnicas cosméticas y regocijantes.

El *jogging* también depende de la *performance*. *Jogger* no es correr, es hacer correr al cuerpo. Es un juego que se apoya en la *performance* informal del cuerpo, que se dedica simultáneamente a agotar y destruir. El «estado segundo» del *jogging* corresponde literalmente a esta operación segunda, a este desencajamiento maquínico. El goce, como el dolor, no es deportivo ni carnal, no es el de un gasto físico puro, es el de la desmaterialización y el funcionamiento sin fin (el cuerpo del *jogger* es semejante a una máquina de Tinguely), es la ascesis y el éxtasis de la *performance*. El hacer-correr no tarda en acompañarse, además, de un dejar-correr, hipnotizándose el cuerpo en su *performance* y corriendo por sí solo en la ausencia del sujeto, como una máquina sonámbula y *celibataire* (otra máquina análoga: la *décuplette* de Jarry, en la que los muertos siguen pedaleando solos). El lado interminable del *jogging* (como el del psicoanálisis) depende además de este carácter de *performance* sin finalidad, sin objetivo, sin ilusión. Lo que no tiene fin no tiene por qué detenerse.

Ya no puede decirse que el objetivo sea la «forma», el ideal de los años sesenta y setenta, pues la forma seguía siendo funcional: tendía al valor mercantil o al valor-signo del cuerpo, su productividad o su prestigio. La *performance*, por su parte, es operacional y ya no busca *la forma* del cuerpo, sino *su fórmula*, su ecuación, su virtualidad como campo de operaciones, algo que se hace funcionar porque cualquier máquina pide que se la haga funcionar, porque cualquier señal pide que se la ponga en marcha. Así de sencillo. De ahí la profunda vacuidad del contenido de la acción. Nada más inútil, diríase, que esa manera de correr para ejercer interminablemente la facultad de correr. Y sin embargo, corren...

Idéntica indiferencia al contenido, idéntico aspecto obsesivo y operacional, *performativo* e interminable, caracterizan la utilización actual del *computer*: allí el hombre tampoco piensa, de la misma manera que tampoco corre en el *jogging*: hace funcionar su cerebro, de la misma manera que hace correr su cuerpo. También en ese caso la operación carece virtualmente de fin: el cara a cara con el ordenador tiene tan poca razón de detenerse como el cuerpo a cuerpo en el *jogging*. Y la especie de placer hipnótico, de absorción o de reabsorción extática de la energía corporal en un caso, de energía cerebral en el otro, son exactamente los mismos. Electricidad estática de la epidermis y de los músculos, electricidad estática de la pantalla.

Jogging y *computering* pueden ser llamados estupefacientes, narcóticos en la medida en que la propia droga está en el hilo directo de la *performance* general: un hacer-gozar, un hacer-soñar, un hacer-sentir. No es artificial en el sentido de un segundo estado opuesto a un estado natural del cuerpo, sino por la sustitución de una prótesis química, de una cirugía mental de la *performance*, de una cirugía plástica de la percepción.

No es casualidad que la sospecha del dopaje sistemático acompañe actualmente la *performance* deportiva. Los diferentes tipos de *performance* forman buena pareja entre sí. No sólo los músculos y los nervios, sino las neuronas y las células deben volverse *performativas* (incluso las bacterias se volverán operacionales). Ya no se trata de lanzar, de correr, de nadar, de saltar, sino de colocar un satélite llamado cuerpo en su órbita artificial. El cuerpo del deportista se vuelve lanzador y satélite y está regulado por un micro-*computer* interno en términos de cálculo (ya no por una voluntad que regula su esfuerzo en términos de superación).

De esta compulsión operacional resulta la paradoja operacional: no sólo no se trata de hacer-valer sino que lo mejor sigue siendo no valer nada para hacer-valer más; no saber nada para hacer-saber más; no producir nada para hacer-producir más; no tener nada que decir para comunicar más. Todo eso está en la lógica de las cosas: ya se sabe que para hacer reír es mejor no ser gracioso. En el caso de la comunicación y de la información, la consecuencia es inexorable: para que transite de la forma mejor y más rápida, es preciso que el contenido esté en el límite de la transparencia y de la insignificancia. Es lo que se puede verificar en la relación telefónica y en las emisiones mediáticas, pero también en cosas más serias. La *buena* comunicación, es decir, lo que sustenta actualmente una *buena* sociedad (aunque ese término ya no tenga sentido, ya que no existe más social que el que resulta de un hacer-social, de una producción de social, es decir, más bien una «socialidad», o una «sociedalidad» —pseudónimos monstruosos que expresan muy bien lo que quieren decir: como decía

François George del término «sexualidad», tienen el aire de una operación quirúrgica), la buena comunicación, repito, pasa por la aniquilación de su contenido. La buena información pasa por la transparencia digital del saber. La buena publicidad pasa por la nulidad, por lo menos por la neutralización de su producto, de la misma manera que la moda pasa por la transparencia de la mujer y de su cuerpo o el poder pasa por la insignificancia del que lo ejerce.

¿Y si toda la publicidad fuera la apología no de un producto, sino de la propia publicidad? ¿Y si la información no remitiera a un acontecimiento, sino a la promoción de la propia información como acontecimiento? ¿Y si la comunicación no remitiera a un mensaje, sino a la promoción de la propia comunicación como mito?

Si los hombres crean o imaginan máquinas inteligentes, es porque desesperan secretamente de su inteligencia, o porque sucumben bajo el peso de una inteligencia monstruosa e inútil: la exorcizan entonces con máquinas para poder burlarse y reírse de ella. Confiar esta inteligencia a unas máquinas nos libera de cualquier pretensión al saber, de la misma manera que confiar el poder a los políticos nos permite reírnos de cualquier pretensión al poder.

Si los hombres sueñan con máquinas originales y geniales, es porque desesperan de su originalidad, o porque prefieren desasirse de ella y gozarla por máquina interpuesta. Pues lo que ofrecen esas máquinas es el espectáculo del pensamiento, y los hombres, al manipularlas, se entregan al espectáculo del pensamiento más que al mismo pensamiento.

No en vano se las llama virtuales: porque mantienen el pensamiento en un suspenso indefinido, vinculado al vencimiento de un saber exhaustivo. Allí el acto de pensamiento queda indefinidamente diferido. La cuestión del pensamiento ni siquiera puede plantearse, al igual que la de la libertad para las generaciones futuras: atravesarán la vida como un espacio aéreo, atados a su asiento. De igual manera, los Hombres de la

Inteligencia Artificial atravesarán su espacio mental atados a su *computer*. El Hombre Virtual, inmóvil delante de su ordenador, hace el amor por pantalla y da sus cursos por teleconferencia. Se vuelve un paralítico físico, pero sin duda también cerebral. Sólo así llega a ser operacional. De la misma manera que se puede vaticinar que las gafas o las lentes de contacto se volverán un día la prótesis integrada de una especie de la que habrá desaparecido la mirada, también cabe temer que la inteligencia artificial y sus soportes técnicos se vuelvan la prótesis de una especie de la que habrá desaparecido el pensamiento.

La inteligencia artificial carece de inteligencia, porque carece de artificio. El auténtico artificio es el del cuerpo en la pasión, el del signo en la seducción, de la ambivalencia en los gestos, de la elipsis en el lenguaje, de la máscara en el rostro, del rasgo que altera el sentido y que por esta razón es llamado rasgo de inteligencia. Estas máquinas inteligentes, en cambio, sólo son artificiales en el sentido más pobre, el de descomponer las operaciones del lenguaje, del sexo, del saber, en sus elementos más simples, de digitalizarlas para sintetizarlas a partir de ciertos modelos. Generar todas las posibilidades de un programa o de un objeto en potencia. Ahora bien, el artificio no tiene nada que ver con lo que *genera*, sino con lo que *altera* la realidad. Es el poder de la ilusión. Estas máquinas sólo poseen el candor del cálculo, y los únicos juegos que proponen son juegos de conmutación y de combinación. Sólo en eso pueden ser llamadas virtuosas, y no únicamente virtuales: en que no sucumben ni a su propio objeto y no son seducidas por su propio saber. Su virtud es su transparencia, su funcionalidad, su ausencia de pasión y de artificio. La Inteligencia Artificial es una *machine célibataire*.

Lo que siempre diferenciará el funcionamiento del hombre del de las máquinas, incluso las más inteligentes, es la ebriedad de funcionar, el placer. Inventar máquinas que sientan placer es algo que, afortunadamente, sigue estando fuera de los poderes del hombre. Todo tipo de prótesis puede ayudar a su placer, pero es incapaz de inventar alguna que disfrute en su lugar. Inventa aquellas que trabajan, «piensan» o se desplazan mejor que él, o en su lugar, pero no hay prótesis, técnica o mediática, del placer del hombre, del placer de ser hombre. Para ello haría falta que las máquinas tuvieran una idea del hombre, pudieran inventar el hombre; pero ya es demasiado tarde para ellas, pues él es quien las ha inventado. A ello se debe que el hombre pueda superar lo que es, mientras las máquinas jamás superarán lo que son. Las más inteligentes sólo son exactamente lo que son, salvo quizá en el accidente o en el fallo, que siempre cabe imputarles como un deseo oscuro. No tienen este incremento irónico de funcionamiento, este exceso de funcionamiento en que consiste el placer, o el sufrimiento, mediante los cuales los hombres se alejan de su definición y se acercan a su final. Desgraciadamente para ella, una máquina no supera jamás su propia operación, lo que tal vez explique la profunda tristeza de los *computers*... Todas las máquinas son *célibataires*.

(La reciente irrupción de los virus electrónicos ofrece, sin embargo, una anomalía notable: parece como si existiera un maligno placer de las máquinas en producir efectos perversos, peripecia irónica y apasionante. Es posible que la inteligencia artificial se parodie a sí misma en esta patología viral, inaugurando con ello una especie de inteligencia auténtica.)

El celibato de la máquina provoca el del Hombre Telemático. De igual manera que se ofrece delante de su *computer* o su *worldprocessor* el espectáculo de su cerebro y de su inteligencia, el Hombre Telemático se ofrece delante de su minitel rosa el espectáculo de sus fantasías y de un goce virtual. En ambos casos, goce o inteligencia, los exorciza en la interfaz con la máquina. El Otro, el interlocutor, jamás es realmente buscado en una travesía de la pantalla evocadora de la travesía del espejo. Lo que se busca es la pantalla misma como lugar de la interfaz. La pantalla interactiva transforma el proceso de relación en un proceso de conmutación de lo mismo en lo mismo. El secreto de la interfaz es que allí el Otro es virtualmente el Mismo, siendo la alteridad subrepticiamente confiscada por la máquina. Así pues, el ciclo más verosímil de la comunicación es el de los minitelistas que pasan de la pantalla al intercambio telefónico, después al cara a cara y después, ¿qué hacer? Pues bien, «se llaman», y después se vuelve al minitel, mucho más erótico al fin y al cabo, porque es esotérico y transparente a la vez, foma pura de la comunicación, ya que no tiene más prosmiscuidad que la de la pantalla y la de un texto electrónico como filigrana de la vida, nueva caverna platónica en la que se ven desfilar las sombras del placer carnal. ¿Para qué hablarse cuando es tan fácil comunicar?

Vivíamos en el imaginario del espejo, del desdoblamiento y la escena, de la alteridad y la alienación. Hoy vivimos en el de la pantalla, la interfaz y el redoblamiento, la contigüidad y la red. Todas nuestras máquinas son pantallas, y la interactividad de los hombres se ha vuelto la de las pantallas. Nada de lo que se inscribe en las pantallas está hecho para ser descifrado en profundidad sino para ser explorado instantáneamente, en una abreacción inmediata al sentido, en un cortocircuito de los polos de la representación.

La lectura de una pantalla es completamente diferente a la de la mirada. Es una exploración digital donde el ojo circula siguiendo una incesante línea quebrada. La relación con el interlocutor en la comunicación, con el saber en la información, es del mismo tipo: táctil y exploratoria. La voz en la nueva información, o incluso en el teléfono, es una voz táctil, una voz nula y funcional. Ya no es exactamente una voz, de la misma manera que en el caso de la pantalla ya no se trata exactamente de una mirada. Ha cambiado todo el paradigma de la sensibilidad. Esta tactilidad no tiene el sentido orgánico del tacto. Significa simplemente la contigüidad epidérmica del ojo y de la imagen, el fin de la distancia estética de la mirada. Nos acercamos infinitamente a la superficie de la pantalla, nuestros ojos están como diseminados en la imagen. Ya no tenemos la distancia del espectador en relación a la escena, ya no existe la convención escénica. Y si caemos tan fácilmente en esta especie de coma imaginario de la pantalla es porque dibuja un vacío perpetuo que se nos pide colmar. Proxemia de las imágenes, promiscuidad de las imágenes, pornografía táctil de las imágenes. Sin embargo, esta imagen sigue estando a años-luz. No deja de ser una tele-imagen. Está situada a una distancia muy especial que sólo se puede definir como *infranqueable por el cuerpo*. La distancia del lenguaje, de la escena, del espejo, es franqueable por el cuerpo —en eso sigue siendo humana y se presta al intercambio—. La pantalla, por su parte, es virtual, y por tanto infranqueable. A ello se debe que sólo se preste a una forma abstracta, definitivamente abstracta, como es la comunicación.

En el espacio de la comunicación, las palabras, los gestos y las miradas están en estado de contigüidad incesante, y sin embargo jamás se tocan. Y es porque ni la distancia ni la proximidad son las del cuerpo al que rodean. La pantalla de nuestras imágenes, la pantalla interactiva, la pantalla telemática, están a la vez demasiado próximas y demasiado lejanas: demasiado próximas para ser verdaderas (para tener la intensidad dramática de una escena), demasiado lejanas para ser falsas (para tener la distancia cómplice del artificio). Crean de esa manera una dimensión que ya no es exactamente humana, una dimensión excéntrica que corresponde a una despolarización del espacio y a una indiferenciación de las figuras del cuerpo.

No existe una tipología más bella que la de Moebius para designar esta contigüidad de lo próximo y lo lejano, de lo interior y lo exterior, del objeto y el sujeto en la misma espiral, en la cual se entrelazan tanto la pantalla de nuestros ordenadores como la pantalla mental de nuestro propio cerebro. Es según el mismo modelo que la información y la comunicación vuelven siempre sobre sí mismas en una circunvolución incestuosa, en una indiferenciación superficial del sujeto y el objeto, del interior y el exterior, de la pregunta y la respuesta, del acontecimiento y la imagen, etc. —que sólo puede resolverse en bucle, simulando la figura matemática del infinito.

Ocurre los mismo en nuestra relación con nuestras máquinas «virtuales». El Hombre Telemático está asignado al aparato de igual manera que el aparato le está asignado a él, por una involución del uno en el otro, una refracción del uno por el otro. La máquina hace lo que el hombre quiera que haga, pero este sólo ejecuta, a su vez, lo que la máquina está programada para hacer. Es operador de virtualidad, y aunque aparentemente su intención sólo sea informarse o comunicar, consiste en realidad en explorar todas las virtualidades del programa, de la misma manera que el jugador tiende a agotar todas las virtualidades del juego. En la utilización de la cámara fotográfica, por ejemplo, estas virtualidades ya no son las del sujeto que «refleja» el mundo de acuerdo con su visión, sino las del objeto que explota la virtualidad del objetivo. En esta perspectiva, la cámara fotográfica es una máquina que altera toda voluntad, que borra cualquier intencionalidad y sólo deja transparentar el puro reflejo de sacar fotos. Hasta la mirada queda borrada, ya que la sustituye el objetivo, que es cómplice del objeto, y por tanto de una desviación de la visión. Y esta involución del sujeto en la caja negra, esta devolución de su visión a la impersonal del aparato son mágicas. En el espejo, el sujeto interpreta su imaginario. En el objetivo y en las pantallas en general, y aprovechándose de todas las técnicas mediáticas y telemáticas, es el objeto lo que se entrega «en potencia».

Por esta razón actualmente son posibles todas las imágenes. Todo es informatizable, es decir, conmutable en su operación digital, de la misma manera que cualquier individuo es conmutable en sí mismo a partir de su fórmula genética (todo el trabajo consistirá en agotar justamente las virtualidades de este código genético, y eso será uno de los aspectos fundamentales de la inteligencia artificial). Más concretamente, eso significa que ya no hay acto ni acontecimiento que no se refracte en una imagen técnica o sobre una pantalla, ni una acción que no *desee* ser fotografiada, filmada, grabada, que no desee confluir en esta memoria y volverse en ella eternamente reproducible. Ni una acción que no desee trascenderse en una eternidad virtual, y no la duradera posterior a la muerte, sino aquella, efímera, de la ramificación en las memorias artificiales. La compulsión virtual es la de existir en potencia en todas las pantallas y en el seno de todos los programas, y se convierte así en una exigencia mágica. Es el vértigo de la caja negra.

¿Dónde está la libertad en todo eso? No existe. No hay

elección, ni decisión final. Toda decisión en materia de red, de pantalla, de información, de comunicación, es serial, parcial, fragmentaria, fractal. Sólo la sucesión de las decisiones parciales, la serie microscópica de las secuencias y de los objetos parciales constituye el recorrido, tanto del fotógrafo como del Hombre Telemático, o de nuestra más banal lectura televisiva. La estructura de todos estos gestos es cuántica: es un conjunto aleatorio de decisiones puntiformes. Y la fascinación de todo ello viene del vértigo de esta caja negra, de esta incertidumbre que acaba con nuestra libertad.

¿Soy un hombre, soy una máquina? Ya no hay respuesta a esta pregunta antropológica. Así pues, significa en cierta manera el final de la antropología, confiscada subrepticiamente por las máquinas y las tecnologías más recientes. Incertidumbre nacida del perfeccionamiento de las redes maquínicas, de la misma manera que la incertidumbre sexual (¿soy un hombre, soy una mujer, qué ha ocurrido con la diferencia sexual?) ha nacido de la sofisticación de las técnicas del inconsciente y de las técnicas del cuerpo, o la incertidumbre científica respecto al estatuto del objeto ha nacido de la sofisticación del análisis en las microciencias.

¿Soy un hombre, soy una máquina? En la relación con las máquinas tradicionales no existe ambigüedad. El trabajador siempre es, en cierto modo, extraño a la máquina, y por tanto alienado por ella. Mantiene su cualidad preciosa de hombre alienado. Pero las nuevas tecnologías, las nuevas máquinas, las nuevas imágenes, las pantallas interactivas no me alienan en absoluto. Forman conmigo un circuito integrado. Vídeo, televisor, *computer*, minitel, son, al igual que las lentes de contacto, prótesis transparentes que están como integradas al cuerpo hasta formar parte genéticamente de él, como los estimuladores cardíacos o el famoso «papula» de P.K. Dick, pequeño implante publicitario injertado en el cuerpo en el nacimiento y que sirve de señal de alarma biológica. Todas nuestras relaciones, voluntarias o no, con las redes y pantallas son del mismo tipo: una estructura sojuzgada (no alienada), un circuito integrado. La calidad de hombre o de máquina es ahí dudosa.

El éxito fantástico de la inteligencia artificial ¿no procede del hecho de que nos libera de la inteligencia real, del hecho de que hipertrofiando el proceso operacional del pensamiento nos libera de la ambigüedad del pensamiento y del enigma insoluble de su relación con el mundo? El éxito de todas estas tecnologías ¿no proviene de su función de exorcismo y del hecho de que el eterno problema de la libertad ni siquiera puede ser planteado? ¡Qué alivio! ¡Con las máquinas virtuales se acabaron los problemas! Ya no eres sujeto ni objeto, ni libre ni alienado, ni el uno ni el otro: eres el mismo, en el arrobamiento de sus conmutaciones. Hemos pasado del infierno de los otros al éxtasis de lo mismo, del purgatorio de la alteridad a los paraísos artificiales de la identidad. Algunos dirán que es una servidumbre todavía peor, pero como el Hombre Telemático carece de voluntad propia tampoco sabría ser siervo. Ya no existe la alienación del hombre por el hombre, sino una homeostasis del hombre por la máquina.

PROFILAXIS Y VIRULENCIA

La creciente cerebralidad de las máquinas debe provocar normalmente la purificación tecnológica de los cuerpos. Estos cada vez podrán contar menos con sus anticuerpos y, por tanto, habrá que protegerlos desde fuera. La depuración artificial de todos los ambientes suplirá los desfallecientes sistemas inmunológicos internos. Y si son desfallecimientos es porque una tendencia irreversible, llamada con frecuencia progreso, lleva al cuerpo y al espíritu humano a abandonar sus sistemas de iniciativa y de defensa para transferirlos a unos artefactos técnicos. Desposeído de sus defensas, el hombre se vuelve eminentemente vulnerable a la ciencia y a la técnica, de la misma manera que, desposeído de sus pasiones, se vuelve eminentemente vulnerable a la psicología y a las terapias que de ellas se deducen; o, como liberado de sus afectos y de sus enfermedades, se vuelve eminentemente vulnerable a la medicina.

El niño-burbuja, rodeado de todo el espacio médico en la escafandra ofrecida por la NASA, protegido de todos los contagios por el espacio inmunitario artificial —su madre le acaricia a través de las paredes de cristal, y ríe y crece en su atmósfera extraterrestre bajo la mirada de la ciencia—, es el hermano

experimental del niño-lobo, del niño salvaje alimentado por los lobos —hoy son los ordenadores los que alimentan al niño deficiente.

El niño-burbuja es la prefiguración del futuro, de la asepsia moral, del exorcismo total de los gérmenes, que es la forma biológica de la transparencia. Es el símbolo de la existencia al vacío, privilegio hasta ahora de las bacterias y las partículas en los laboratorios que cada vez será más el nuestro; prensados al vacío como los discos, conservados al vacío como los congelados, muriendo al vacío como las víctimas del empecinamiento terapéutico. Pensando y reflexionando al vacío como lo ilustra en todas partes la inteligencia artificial.

No es absurdo suponer que el exterminio del hombre comienza con el exterminio de sus gérmenes. Tal como es, con sus humores, sus pasiones, su risa, su sexo y sus secreciones, el propio hombre no es más que un sucio y pequeño germen, un virus irracional que altera el universo de la transparencia. Cuando sea expurgado, cuando todo haya sido expurgado y haya sido eliminada toda la contaminación social y bacilar, sólo quedará el virus de la tristeza en un universo de una limpieza y una sofisticación mortales.

Siendo a su vez el pensamiento una red de anticuerpos y de defensa inmunológica natural, está también fuertemente amenazado. Corre el peligro de ser ventajosamente sustituido por una burbuja electrónica cerebro-espinal expurgada de cualquier reflejo animal o metafísico. Sin alcanzar todas las tecnologías del niño-burbuja, ya vivimos en esta burbuja, en la esfera de cristal que rodea a algunos personajes del Bosco, envoltura transparente en la que nos refugiamos, a la vez desvalidos y superprotegidos, condenados a la inmunidad artificial y a la transfusión perpetua y condenados a morir al menor contacto con el mundo.

Así es como todos hemos perdido las defensas, convertidos en inmunodeficitarios virtuales.

Todos los sistemas integrados y superintegrados, los sistemas técnicos, el sistema social, el propio pensamiento en la inteligencia artificial y sus derivados, tienden hacia este límite de la inmunodeficiencia. Con la intención de eliminar cualquier agresión exterior, segregan su propia virulencia interna, su reversibilidad maléfica. En un determinado punto de saturación, asumen sin quererlo esta función de reversión, de alteración, y tienden a destruirse a sí mismos. Su misma transparencia les amenaza y el cristal se venga.

En un espacio superprotegido, el cuerpo pierde todas sus defensas. En las salas quirúrgicas la profilaxis es tan considerable que ningún microbio y ninguna bacteria pueden sobrevivir. Ahora bien, justo allí es donde nacen ciertas enfermedades misteriosas, anómalas, virales. Pues los virus, por su parte, proliferan tan pronto como se les deja espacio. En un mundo expurgado de las viejas infecciones, en un mundo clínico «ideal», se despliega una patología impalpable, implacable, nacida de la propia desinfección.

Patología de tercer tipo. De la misma manera que nos encontramos en nuestro mundo con una violencia nueva, nacida de la paradoja de una sociedad permisiva y pacificada, nos encontramos con nuevas enfermedades que son las de cuerpos superprotegidos por su escudo artificial, médico o informático, vulnerables así a todos los virus, a las más «perversas» y más inesperadas reacciones en cadena. Una patología que ya no depende del accidente o de la anomia, sino de la *anomalía*, exactamente igual que en el cuerpo social —donde las mismas causas provocan los mismos efectos perversos, las mismas disfunciones imprevisibles, que podemos asimilar al desorden genético de las células—; también allí a fuerza de superprotección, de supercodificación, de superencuadramiento. El sistema social, al igual que el cuerpo biológico, pierde sus defensas naturales según avanza la sofisticación de sus prótesis. Y a la medicina le costará mucho esfuerzo conjurar esta patología inédita, pues ella misma forma parte del sistema de superprotección, de empecinamiento proteccionista y profiláctico del cuerpo. De la misma manera que no existe aparentemente solución política al problema del terrorismo, tampoco parece haber actualmente solución biológica al problema del SIDA y el cáncer. Y por la misma razón se trata de síntomas anómalos procedentes del fondo del mismo sistema, que contrarrestan con una violencia reactiva el superencuadramiento político del cuerpo social o el superencuadramiento biológico del cuerpo a secas.

En una fase elemental, este genio maligno de la alteridad adopta la forma del accidente, de la avería, del desfallecimiento. A una fase posterior corresponde la forma viral, epidémica, la virulencia que recorre todo el sistema y contra la cual carece de defensa, ya que su propia integración engendra esta alteración.

La virulencia se apodera de un cuerpo, de una red o de un sistema cuando expulsa todos sus elementos negativos y se resuelve en una combinatoria de elementos simples. Ello se debe a que las redes se han convertido en seres virtuales, no cuerpos en los que se desencadenan los virus, y estas máquinas «inmateriales» son mucho más vulnerables que las mecánicas tradicionales. Virtual y viral marchan emparejados. Ello se debe a que el propio cuerpo se ha vuelto un no-cuerpo, una máquina virtual de la que se apoderan los virus.

Es lógico que el SIDA y el cáncer se hayan erigido en los prototipos de nuestra patología moderna y de toda viralidad homicida. Cuando se entrega el cuerpo tanto a las prótesis como a las fantasías genéticas se desorganiza sus sistemas de defensa. Este cuerpo fractal librado a la multiplicación de sus propias funciones externas está entregado simultáneamente a la desmultiplicación interna de sus propias células. Entra en metástasis; las metástasis internas y biológicas son simétricas a las metástasis externas que son las prótesis, las redes, las conexiones.

Con la dimensión viral, nuestros propios anticuerpos son los que nos destruyen. La leucemia del ser devora sus propias defensas, justamente porque ya no hay más amenazas ni adversidad. La profilaxis absoluta es homicida. Es algo que la medicina no ha entendido, tratando el cáncer y el SIDA como enfermedades convencionales cuando son enfermedades nacidas de la desaparición de las enfermedades, de la liquidación de las formas patógenas. Patología de tercer tipo, inaccesible a toda la farmacopea de la época anterior (la de las causas visibles y los efectos mecánicos). De repente, todas las afecciones parecen tener un origen inmunodefectivo (más o menos como todas las violencias parecen de origen terrorista). El ataque y la estrategia viral han relevado en cierto modo el trabajo del inconsciente.

De la misma manera que el ser humano, concebido como máquina digital, se convierte en el terreno preferido de las enfermedades virales, también las redes de logiciales se vuelven el terreno predilecto de los virus electrónicos. Allí tampoco existe prevención ni terapia eficaz, las metástasis invaden toda la red, los lenguajes maquínicos desimbolizados ofrecen tan poca resistencia a los virus como los cuerpos desimbolizados. La avería y el accidente mecánico tradicional dependían de la medicina reparadora de siempre, los repentinos desfallecimientos, las repentinas anomalías, las repentinas «traiciones» de los anticuerpos carecen de remedio. Sabíamos curar las enfermedades de la forma; carecemos de defensa ante las patologías de la fórmula. Por haber sacrificado en todas partes el equilibrio natural de las formas en favor de la convergencia artificial del código y la fórmula, hemos incurrido en el riesgo de un desorden mucho mayor, de una desestabilización sin precedentes. Por haber hecho del cuerpo y del lenguaje unos sistemas artificiales entregados a la inteligencia artificial, no sólo los hemos librado a la estupidez artificial sino también a todas las aberraciones virales nacidas de esta artificialidad sin recursos.

La viralidad es la patología de los circuitos cerrados, de los circuitos integrados, de la promiscuidad y de la reacción en cadena. Es una patología del incesto, tomada en un sentido amplio y metafórico. El que vive por lo mismo perecerá por lo mismo. La ausencia de alteridad segrega otra alteridad inaprehensible, la alteridad absoluta, que es el virus.

El hecho de que el SIDA haya afectado en primer lugar a los ambientes homosexuales o de drogadicción depende de la incestuosidad de los grupos que funcionan en circuito cerrado. La hemofilia ya afectaba a las generaciones de matrimonios consanguíneos, los linajes con fuerte endogamia. Incluso la extraña enfermedad que ha afectado largo tiempo a los cipreses ha terminado por atribuirse a una menor diferencia de temperatura entre los inviernos y los veranos, a una promiscuidad de las estaciones. El espectro de lo Mismo sigue golpeando. En cualquier compulsión de semejanza y extradición de las diferencias, en toda contigüidad de las cosas con su propia imagen, en cualquier confusión de los seres con su propio código, existe una amenaza de virulencia incestuosa, de una alteridad diabólica que acaba por estropear una máquina tan hermosa. Bajo otras formas, es la reaparición del principio del Mal. Nada que ver con la moral o la culpabilidad: el principio del Mal es, ni más ni menos, sinónimo del principio de reversión y del principio de adversidad. En unos sistemas en vías de positivización total, y por tanto de desimbolización, el mal equivale simplemente, bajo todas sus formas, a la regla fundamental de reversiblidad.

Sin embargo, esta misma virulencia es enigmática. El SIDA sirve de argumento a una nueva prohibición sexual, ya no moral, sino funcional —el objetivo es la circulación libre de sexo—. Se interrumpe el contacto, se frenan los flujos. Ahora bien, esto entra en contradicción con todos los mandamientos de la modernidad: el sexo, el dinero, la información deben circular libremente. Todo debe ser fluido, y la aceleración sin retorno. Revocar la sexualidad bajo el pretexto del riesgo viral es tan absurdo como detener los intercambios internacionales bajo el pretexto de que alimentan la especulación o el alza del dólar. Nadie lo piensa ni un solo instante. Y entonces, de repente: interrupción del sexo. ¿Contradicción en el sistema?

¿Es posible que este suspense tenga una finalidad enigmática, vinculada contradictoriamente a la finalidad no menos enigmática de la liberación sexual? Conocemos la autorregulación espontánea de los sistemas, que producen sus propios accidentes, sus propios frenos a fin de sobrevivir. Todas las sociedades viven en contra de su propio sistema de valores; es preciso que lo tengan, pero también es imprescindible que se sitúen en contra de él. Ahora bien, nosotros vivimos por lo menos sobre dos principios: el de la liberación sexual y el de la comunicación y la información. Y todo transcurre como si la especie produjera por sí misma, a través de la amenaza del SIDA, un antídoto a su principio de liberación sexual; a través del cáncer, que es un desarreglo del código genético, una resistencia al principio omnipotente del control cibernético; y a través de todos los virus, un sabotaje del principio universal de comunicación.

¿Y si todo eso significara un rechazo de los flujos obligados de esperma, de sexo, de signos, de palabra, un rechazo de la comunicación obligada, de la información programada, de la promiscuidad sexual? ¿Y si hubiera ahí una resistencia vital a la extensión de los flujos, de los circuitos, de la redes, al precio de una nueva patología homicida, sin duda, pero que finalmente nos protegería de algo más grave todavía? Con el SIDA y el cáncer pagaríamos el precio de nuestro propio sistema: exorcizamos su virulencia *banal* bajo una forma *fatal*. Nada puede garantizarnos la eficacia de este exorcismo, pero hay que plantearse la pregunta: ¿A qué resiste el cáncer?, ¿a qué eventualidad todavía peor (la hegemonía total del código genético)? ¿A qué resiste el Sida?, ¿a qué eventualidad todavía peor (a una epidemia sexual, a la promiscuidad sexual total)? Idéntico problema con la droga: dejando a un lado los dramatismos, ¿de qué nos protege?, ¿qué línea de fuga constituye ante un mal todavía peor (el embrutecimiento racional, la socialización normativa, la programación universal)? Lo mismo con el terrorismo: esta violencia segunda, reactiva, ¿no nos protege de una epidemia de consenso, de una leucemia y de una delicuescencia políticas crecientes, y de la transparencia invisible del Estado? Todas las cosas son ambiguas y reversibles. Al fin y al cabo, es justamente con la neurosis como el hombre se protege más eficazmente de la locura. En dicho sentido, el SIDA no es un castigo del cielo; podría ser, muy al contrario, una abreacción defensiva de la especie en contra del riesgo de una promiscuidad total, de una pérdida total de identidad en la proliferación y la aceleración de las redes.

Si el SIDA, el terrorismo, el crac y los virus electrónicos movilizan toda nuestra imaginación colectiva, es porque no son en absoluto los episodios de un mundo irracional. Es porque aportan toda la lógica de nuestro sistema, del que no son más que el acontecimiento espectacular. Todos obedecen al mismo protocolo de virulencia y de irradiación, cuyo poder sobre la imaginación es viral. Un solo acto terrorista obliga a reconsiderar toda la política a la luz de la hipótesis terrorista; la mera aparición, incluso estadísticamente débil, del SIDA, obliga a revisar todo el espectro de las enfermedades a la luz de la hipótesis inmunodefectiva; el menor virus que altera las memorias del Pentágono o que sumerge las redes de felicitaciones navideñas basta para desestabilizar potencialmente todos los datos de los sistemas de información.

Este es el privilegio de los fenómenos extremos y de la catástrofe en general, entendida como matiz anómalo de las cosas. El orden secreto de la catástrofe es la afinidad de todos estos procesos entre sí y su homología con el conjunto del sistema. Así es el orden en el desorden: todos los fenómenos extremos son coherentes entre sí y lo son también con el conjunto. Eso quiere decir que es inútil apelar a la racionalidad del sistema en contra de sus excrecencias. La ilusión de abolir los fenómenos extremos es total. Estos se harán cada vez más extremos a medida que nuestros sistemas se hagan más sofisticados —afortunadamente, pues son su terapia de punta—. En los sistemas transparentes, homeostáticos u homeofluidos ya no existe una estrategia del Bien contra el Mal, sólo queda la del Mal contra el Mal —la estrategia de lo peor—. Ni siquiera es un problema de elección, pues vemos desarrollarse bajo nuestros ojos esta virulencia homeopática. SIDA, crac, virus informáticos sólo son la parte visible de la catástrofe, cuyas nueve décimas partes se hunden en la virtualidad. La verdadera catástrofe, la catástrofe absoluta, sería la de la omnipresencia de todas las redes, la de la transparencia total de la información, de la cual nos protege afortunadamente el virus informático. Gracias a él no iremos en línea recta hasta el final de la información y de la comunicación, lo que significaría la muerte. Como afloración de esta transparencia homicida, le sirve también de señal de alarma. Es un poco como la aceleración de un fluido: produce turbulencias y anomalías que detienen su curso, o lo dispersan. El caos sirve de límite a lo que sin él iría a perderse en el vacío absoluto. Así pues, los fenómenos extremos sirven, en su desorden secreto, de profilaxis por el caos contra una ascensión extrema del orden y la transparencia. Además, y a su pesar, ya significan actualmente el comienzo del fin de cierto proceso de pensamiento. Ocurre lo mismo que con la liberación sexual: ya es el comienzo del fin de cierto proceso de goce. Pero si se realiza la promiscuidad sexual absoluta, sería el propio sexo el que se aboliría en su desencadenamiento asexuado. Como en los intercambios económicos. La especulación, entendida como turbulencia, imposibilita la extensión total de los intercambios reales. Al provocar una circulación instantánea del valor, al electrocutar el modelo económico, cortocircuita también la catástrofe que significaría la libre conmutación de *todos* los intercambios —siendo esta liberación total el auténtico movimiento catastrófico del valor.

Ante el peligro de una ingravidez total, de una insoportable levedad del ser, de una promiscuidad universal, de una linealidad de los procesos que nos arrastraría al vacío, los repentinos torbellinos que denominamos catástrofes son lo que nos preserva de la catástrofe. Estas anomalías, estas excentricidades, recrean zonas de gravitación y de densidad contra la dispersión. Podemos imaginar que nuestras sociedades segregan aquí su forma especial de parte maldita, a imagen de aquellas tribus que purgaban su excedente de población con un suicidio oceánico —suicidio homeopático de unos pocos que preservaba el equilibrio homeostático del conjunto.

Así, la catástrofe puede revelarse como una estrategia bien templada de la especie, o mejor dicho nuestros virus, nuestros fenómenos extremos, muy reales pero localizados, permitirían mantener intacta la energía de la catástrofe *virtual*, que es el motor de todos nuestros procesos, tanto en economía como en política, tanto en arte como en historia.

A la epidemia, al contagio, a la reacción en cadena, a la proliferación, debemos tanto lo peor como lo mejor. Lo peor en la metástasis en el cáncer, el fanatismo en la política, la virulencia en el campo biológico, el rumor en la información. Pero en el fondo todo eso también forma parte de lo mejor, pues el proceso de la reacción en cadena es un proceso amoral, más allá del bien y del mal, y reversible. Además, acogemos lo peor y lo mejor con igual fascinación.

La posibilidad que tienen algunos procesos económicos, políticos, lingüísticos, culturales, sexuales, incluso teóricos y científicos, de superar los límites del sentido y avanzar por contagio inmediato —de acuerdo con las leyes de la recíproca y pura inmanencia de las cosas y no de acuerdo con las de su trascendencia o de su referencia— constituye a la vez un enigma para la razón y una maravillosa alternativa para la imaginación.

Basta con ver el efecto de la moda. Jamás ha sido aclarado. Es la desesperación de la sociología y de la estética. Se trata de un contagio milagroso de las formas donde el virus de la reacción en cadena se enfrenta con la lógica de la distinción. No cabe duda de que el placer de la moda es cultural, pero ¿no debe más todavía al consenso fulgurante e inmediato en el juego de los signos? Las modas, por otra parte, se extinguen como las epidemias, cuando han arrasado la imaginación y el virus se fatiga. El precio a pagar, en términos de despilfarro, es el mismo: exorbitante. Pero todo el mundo lo acepta. Nuestra maravilla social es la de esta superficie ultrarrápida de circulación de los signos (y no la ultralenta de circulación del sentido). Adoramos ser inmediatamente contaminados, sin pensarlo. Esta virulencia es tan nefasta como la de la peste, pero ninguna sociología moral y ninguna razón filosófica acabará con ella. La moda es un fenómeno irrepetible porque participa de ese modo de comunicación insensato, viral, inmediático, que sólo circula tan rápidamente porque no pasa por la mediación del sentido.

Todo lo que constituye la economía de la mediación es fuente de goce. La seducción es lo que va del uno al otro sin pasar por lo mismo (en la clonación ocurre lo contrario: se va de lo mismo a lo mismo sin pasar por lo otro; ahora bien, la clonación también nos fascina). En la metamorfosis, se va de una forma a otra sin pasar por el sentido. En el poema, se va de un signo a otro sin pasar por la referencia. La elisión de las distancias, de los espacios intermedios, provoca siempre una especie de ebriedad. ¿Y qué hacemos en la misma velocidad sino ir de un punto a otro sin pasar por el tiempo, ir de un momento a otro sin pasar por la duración y el movimiento? Ahora bien, la velocidad es maravillosa, sólo el tiempo es fastidioso.

PULSION Y REPULSION

La homogeneización de los circuitos, el universo ideal de la síntesis y de la prótesis, el universo positivo, consensual, sincrónico y *performant* constituyen un mundo inaceptable. No sólo el cuerpo se rebela contra cualquier forma de injerto y de sustitución artificial, no sólo las mentes animales se rebelan, sino que la propia mente se rebela contra la *sinergia* que se le impone con innumerables formas de *alergia*. La abreacción, el rechazo, la alergia son formas de energía singular. De esta energía visceral, que ha ocupado el lugar de la negatividad y de la revuelta crítica, nacen los fenómenos más originales de nuestro tiempo: las patologías virales, el terrorismo, la droga, la delincuencia, o bien unas actividades consideradas positivas, como el culto de la *performance* y la histeria colectiva de producción, que obedecen mucho más a la compulsión de liberarse de algo que a la pulsión de crear cualquier cosa. Hoy obedecemos mucho más a la expulsión y a la repulsión que a la pulsión propiamente dicha. Las mismas catástrofes naturales parecen una forma de alergia, de rechazo por la naturaleza de una influencia operacional de lo humano. Allí donde la negatividad muere, constituyen un signo irreductible de violencia, un signo preciso y sobrenatural de denegación.

Además, su virulencia provoca muchas veces por contaminación el desorden social.

Las grandes pulsiones o impulsos positivos, electivos, atractivos han desaparecido. Ya sólo deseamos débilmente, nuestros gustos están cada vez menos determinados. Tanto las constelaciones del gusto, del deseo, como las de la voluntad, se han deshecho gracias a algún efecto misterioso. En cambio, las de la mala voluntad, la repulsión y la repugnancia se han reforzado. Diríase que de ahí viene una energía nueva, una energía inversa, una fuerza que nos hace las veces de deseo, una abreacción vital que nos hace las veces de mundo, de cuerpo, de sexo. Hoy sólo el disgusto está determinado, los gustos ya no lo están. Sólo los rechazos son violentos, los proyectos ya no lo son. Nuestras acciones, nuestras empresas, nuestras enfermedades cada vez tienen menos motivaciones «objetivas»; proceden casi siempre de un secreto disgusto de nosotros mismos, de una secreta desherencia que nos lleva a liberarnos de nuestra energía de cualquier manera, y son por tanto una forma de exorcismo más que de voluntad de acción. ¿Se tratará de una nueva forma del principio del Mal, no lejos de la magia, cuyo epicentro, como sabemos, es precisamente el exorcismo?

Simmel decía: «La negación es lo más sencillo que existe. A ello se debe que las grandes masas, cuyos elementos no pueden ponerse de acuerdo respecto a un objetivo, coincidan en ella.» Inútil solicitar la opinión positiva de las masas, o su voluntad crítica: sólo poseen un poder indiferenciado, un poder de rechazo. Sólo son fuertes con lo que expulsan, con lo que niegan, y fundamentalmente con cualquier proyecto que las supere, cualquier clase o inteligencia que las trascienda. Ahí hay algo de una astuta filosofía surgida de la experiencia más feroz, la de las bestias y los campesinos: lo que es a mí, nadie me engaña, nadie me toma el pelo con historias de sacrificios y de futuros felices. Profunda repugnancia del orden político (que puede coexistir perfectamente con alguna opinión política). Repugnancia por la pretensión y la trascendencia del poder, por la fatalidad y la abominación de la política. Si han existido pasiones políticas, existe actualmente una violencia idónea a la repugnancia fundamental por la política.

El propio poder se basa ampliamente en la repugnancia. Toda la publicidad y el discurso político son un insulto público a la inteligencia y a la razón, pero un insulto del cual somos parte integrante, una abyecta empresa de interacción silenciosa. Se acabaron las tácticas de disimulo; hoy se nos gobierna en términos de franco chantaje. El prototipo fue aquel famoso banquero con cara de vampiro que decía: «Su dinero me interesa.» Hace ya diez años: la obscenidad entraba en las costumbres como estrategia de gobierno. Nos dijimos: es una publicidad muy mala por su agresiva indiscreción. Muy al contrario, era una publicidad profética, cargada de todo el futuro de las relaciones sociales, porque caminaba precisamente hacia la repugnancia, la concupiscencia y la violación. Lo mismo sucede con la publicidad pornográfica o alimentaria: se dirige al impudor y a la lubricidad, de acuerdo con una estrategia de la violación y del malestar. Hoy podemos seducir a una mujer diciéndole: «Su sexo me interesa.» En el arte también triunfa esta forma impúdica: el montón de trivialidades que allí encontramos equivale a un enunciado del tipo: «Su debilidad y su mal gusto nos interesan.» Y cedemos a este chantaje colectivo, a esta inyección sutil de mala conciencia.

También es cierto que ya nada nos repugna de verdad. En nuestra cultura ecléctica, que corresponde a la descomposición y a la promiscuidad de todas las demás, no hay nada inaceptable, y a eso se debe que la repugnancia crezca, junto con las ganas de vomitar esta promiscuidad, esta indiferencia de lo peor, esta viscosidad de los contrarios. Lo que crece en la misma medida es la repugnancia de la falta de repugnancia; la tentación alérgica de rechazarlo todo en bloque, la lenta intoxicación, la sobrealimentación como quien no quiere la cosa, la tolerancia, el chantaje a la sinergia y al consenso.

No es casualidad que hoy se hable tanto de inmunidad, de anticuerpo, de trasplante y de rechazo. En una fase de penuria nos preocupamos de absorber y de asimilar. En una fase pletórica el problema consiste en rechazar y en expulsar. La comunicación generalizada y la superinformación amenazan todas las defensas humanas. El espacio simbólico, el espacio mental del juicio, ya no está protegido por nada. No sólo yo no soy capaz de decidir lo que es bello o feo, lo que es original o no, sino que ni siquiera el organismo biológico puede ya decidir lo que es bueno o malo para él. En esta situación todo se vuelve malo, y la única defensa es la abreacción y el rechazo.

La propia risa es casi siempre una abreacción vital a la repugnancia que nos inspira una situación de mezcla o de promiscuidad monstruosa. Rechazamos la indiferencia, pero al mismo tiempo nos fascina. Nos gusta mezclarlo todo, pero al mismo tiempo nos repugna. Reacción vital con la que el organismo preserva su integridad simbólica, incluso al precio de su propia vida (rechazo del trasplante de corazón). ¿Por qué los cuerpos tendrían que aceptar el intercambio indiferente de los órganos y las células? ¿Y por qué éstas rechazan, en el cáncer, la función que se les atribuye?

ESPEJO DEL TERRORISMO

¿Y por qué el terrorismo como forma de abreacción violenta en el campo social?

Lo que sorprende en un acontecimiento como el del estadio Heysel de Bruselas, en 1985, no es únicamente la violencia, es la violencia mundializada por la televisión, la violencia disfrazada por la mundialización.

«¿Cómo es posible semejante barbarie a finales del siglo XX?» Falsa pregunta. No es la resurrección de una violencia atávica. La violencia arcaica es a la vez más entusiasta y más sacrificial. Nuestra violencia, la producida por nuestra hipermodernidad, es el terror. Es una violencia-simulacro: mucho más que de la pasión, surge de la pantalla, es de la misma índole que las imágenes. La violencia está en potencia en el vacío de la pantalla, por el agujero que abre en el universo mental. Hasta el punto de que es mejor no encontrarse en un lugar público donde opera la televisión, dada la considerable probabilidad de un acontecimiento violento inducido por su misma presencia. En todas partes existe una precesión de los media sobre la violencia terrorista, y eso la convierte en una forma específicamente moderna. Mucho más moderna que las causas «objetivas» que pretenden atribuirle: políticas sociológicas, psi-

83

cológicas, pues ninguna de ellas está a la altura del acontecimiento.

Lo que también sorprende de un acontecimiento como éste es que en cierta manera es esperado. Todos nosotros somos cómplices en la espera de un libreto fatal, aunque nos sintamos conmocionados o alterados cuando se escenifica. Se dice que la policía no hizo nada para prevenir el estallido de violencia, pero lo que no puede prevenir ninguna policía es esta especie de vértigo, de solicitación colectiva del modelo terrorista.

Un acontecimiento semejante depende de una cristalización repentina de violencia en suspenso. No es un enfrentamiento de fuerzas hostiles, un choque de pasiones antagonistas; es la resultante de fuerzas ociosas e indiferentes (de las que forman parte los espectadores inertes de la televisión). La violencia de los *hooligans* es una forma exacerbada de la indiferencia, que encuentra tanto eco porque juega con la cristalización homicida de la indiferencia. Más que un acontecimiento, esta violencia es, en el fondo, al igual que el terrorismo, la forma explosiva que adopta la ausencia de acontecimiento. O más bien la forma implosiva: es el vacío político (más que el resentimiento de tal o cual grupo); es el silencio de la historia (y no la inhibición psicológica de los individuos); es la indiferencia y el silencio de todos lo que implosionan en este acontecimiento. Así que no es un episodio irracional de nuestra vida social: está en plena lógica de su aceleración en el vacío.

Depende también de otra lógica: la iniciativa de la inversión de los roles. Unos espectadores (los hinchas ingleses) se convierten en actores, sustituyen a los protagonistas (los futbolistas) y, bajo la mirada de los media, inventan su propio espectáculo (que, confesémoslo, es aún más fascinante que el otro). Ahora bien, ¿no es eso lo que se exige del espectador moderno? ¿No se le pide que se vuelva actor, que abandone su inercia espectadora y que intervenga en el espectáculo? ¿No es éste el *leitmotiv* de toda la cultura de la participación? Paradójicamente, en los acontecimientos de este tipo es donde se encuentra materializada, aunque sea a pesar suyo, la hipersocialidad moderna de tipo participativo. Por mucho que se deplore, doscientos sillones rotos en un concierto de rock son el signo del éxito. ¿Dónde acaba la participación?, ¿dónde comienza el exceso de participación? En realidad, lo que no se dice en el discurso de la participación es que la *buena* participación se detiene en los *signos* de la participación. Pero las cosas no siempre ocurren así.

Los romanos tenían la franqueza de ofrecer semejantes espectáculos, con las fieras y los gladiadores, directamente sobre el escenario; nosotros sólo los ofrecemos entre bastidores, accidentalmente, por efracción, sin dejar de reprobarlos en nombre de la moral (pero los ofrecemos mundialmente como pasto a la televisión: esos pocos minutos de televisión fueron los primeros en el *hit-parade* del año). Incluso los Juegos Olímpicos de Los Angeles de 1984 se convirtieron en un gigantesco desfile, en un show mundial sobre el que planeaba, como en el Berlín de 1936, un ambiente terrorista de manifestación de poder —el espectáculo mundial del deporte erigido en estrategia de la guerra fría—, malversación total del principio olímpico. Una vez desviado de su principio, el deporte es explotable para cualquier fin: desfile de prestigio o desfile de violencia, pasa del juego de competición y de representación al juego de circo y de vértigo (para retomar las clasificaciones de Caillois). Y eso es también la tendencia general de nuestras sociedades, desde los sistemas de representación a los sistemas de simulación y de vértigo. La política no escapa a ello.

Detrás de la tragedia de Heysel existe, además, una forma de terrorismo de Estado. Este no se traduce únicamente mediante unas acciones programadas (CIA, Israel, Irán). Hay una manera de llevar a cabo una política de lo peor, una política de provocación hacia los propios ciudadanos, una manera de desesperar a categorías enteras de población hasta empujarlas a una situación casi suicida que forma parte de la política de ciertos Estados modernos. Así, Mrs. Thatcher ha conseguido liquidar a los mineros con una estrategia de lo peor: han acabado por descalificarse a sí mismos ante los ojos de la sociedad. Idéntica estrategia con los parados *hooligans*: es como si los hubiera convertido en comandos que envía al exterior, condenándolos sin duda, pero la brutalidad que muestran es la misma que ella demuestra en el ejercicio del poder. Esta estrategia de liquidación, llevada de manera más o menos drástica, al amparo de la coartada de la crisis, por todos los Estados modernos, sólo puede llevar a extremos de ese tipo, que son los efectos desviados de un terrorismo *del que el Estado no es en absoluto el enemigo.*

A partir del momento en que los Estados ya no pueden atacarse o destruirse entre sí, se enfrentan casi automáticamente con su propio pueblo o su propio territorio, en una especie de guerra civil, intestina, del Estado en contra de su propia referencia natural (¿acaso no es el destino de todo signo, de toda instancia significante y representativa abolir su referencia natural?)

Es, en todo caso, el destino interno de lo político, y tanto los representados como los representantes lo saben de manera inequívoca y oscura. Todos somos maquiavélicos sin saberlo, por la conciencia oscura de que la representación sólo es una ficción dialéctica que oculta un duelo a muerte entre los dos, una voluntad de poder y de pérdida del otro que puede traducirse eventualmente en la perdición de uno mismo en la servidumbre voluntaria: todo poder está hecho de la Hegemonía del Príncipe y del Holocausto del Pueblo.

Ya no se trata entonces del pueblo representado ni del soberano legítimo. Esta configuración política es sustituida por un duelo en el que ya no se habla de contrato social, un duelo transpolítico entre una instancia que tiende a la autorreferencia totalitaria y una masa irónica o refractaria, agnóstica e infantil (ya no habla, sino que charla). Es el estado hipocondríaco del cuerpo que devora sus propios órganos. La rabia que ponen los poderes, los Estados, en destruir sus propias ciudades, sus propios paisajes, su propia sustancia, hasta casi destruirse a sí mismos, sólo puede compararse con la que pusieron antes para destruir las del enemigo.

A falta de una estrategia política original (que tal vez ya no sea posible), en la imposibilidad de una gestión racional de lo social, el Estado desocializa. Ya no funciona con la voluntad política, funciona con el chantaje, la disuasión, la provocación o la solicitación espectacular. Inventa la política de la desafición y de la indiferencia, incluida la de lo social. Así es *la realidad de la transpolítica*, detrás de cualquier política oficial –una cínica idea preconcebida de desaparición de lo social–. Los *hooligans* no hacen más que llevar al extremo esta situación transpolítica: impulsan la participación hasta su límite trágico y ejercen al mismo tiempo un chantaje a la violencia y a la liquidación. Los terroristas no hacen otra cosa. Y lo que nos fascina de esta operación, a pesar de cualquier reacción moral, es la actualidad paroxística de este modelo, es el hecho de que estos acontecimientos sean el espejo de nuestra propia desaparición en tanto que sociedad política, que los pseudo-acontecimientos «políticos» intentan desesperadamente camuflar.

Otro episodio acompaña al de Heysel: en septiembre de

1987, en Madrid, el partido de Copa de Europa de Real Madrid-Nápoles se juega de noche en un estadio vacío, con ausencia de todo público por una medida disciplinaria de la Federación Internacional por los desmanes del público madrileño con motivo de un partido anterior. Millares de hinchas asedian el estadio pero no entran en él. El partido es retransmitido íntegramente por televisión.

Jamás una prohibición de ese tipo abolirá la pasión patriotera del fútbol, pero, en cambio, ilustra perfectamente el hiperrealismo terrorista de nuestro mundo, aquel en el que el acontecimiento «real» se produce en vacío, expurgado de su contexto y visible solamente de lejos, televisivamente. Ejemplo de anticipación quirúrgica de nuestros acontecimientos futuros: un acontecimiento tan mínimo que podría no haber ocurrido en absoluto y una amplificación máxima en la pantalla. Nadie habrá vivido sus peripecias, pero todo el mundo habrá captado su imagen. Se ha vuelto un acontecimiento puro, al margen de cualquier referencia natural, del que también se podría ofrecer el equivalente en imágenes de síntesis.

Evidentemente ese partido fantasma debe ir unido al de Heysel, allí donde también el acontecimiento real del fútbol se veía eclipsado por una forma mucho más dramática de violencia. Y para escapar a este resbalón siempre posible, en el que el público deja de ser público para convertirse en víctima o en asesino, en el que el deporte deja de ser deporte para convertirse en acontecimiento terrorista, basta simplemente con suprimir al público para estar seguro de vérselas únicamente con un acontecimiento televisivo. Todo referente debe desaparecer para que el acontecimiento sea aceptable en la pantalla mental de la televisión.

Así, los asuntos de la propia política deben desarrollarse en cierto modo ante un estadio vacío (la forma vacía de la representación) del que ha sido expulsado cualquier público real

88

en tanto que susceptible de pasiones demasiado vivas, y de donde sólo emana una retranscripción televisiva (las pantallas, las curvas, los sondeos). Sigue funcionando, casi cautivándonos, pero sutilmente es como si una federación política internacional hubiera suspendido al público por un período indeterminado y lo hubiera expulsado del partido. Así es nuestra escena transpolítica: la forma transparente de un espacio público del que se han retirado los actores, la forma pura de un acontecimiento del que se han retirado las pasiones.

El terrorismo bajo todas sus formas es el espejo transpolítico del Mal. Así pues, el verdadero problema, el único problema es: ¿dónde se ha metido el Mal? En todas partes: la anamorfosis de las formas contemporáneas del Mal es infinita. En una sociedad que a fuerza de profilaxis, de eliminación de sus referencias naturales, de blanqueamiento de la violencia, de exterminio de sus gérmenes y de todas las partes malditas, de cirugía estética de lo negativo, sólo quiere vérselas con la gestión calculada y con el discurso del Bien; en una sociedad donde ya no existe ninguna posibilidad de nombrar el Mal, éste se ha metamorfoseado en todas las formas virales y terroristas que nos obsesionan.

El poder del anatema, la fuerza de nombrar el Mal, se nos ha escapado. Pero resurge en otra parte. Así Jomeini, en el caso Rushdie —al margen de la proeza de conseguir que el propio Occidente retuviera al rehén y en cierto modo se constituyera todo él en rehén— ha aportado la prueba espectacular de la posibilidad de una inversión de todas las relaciones de fuerzas por el poder simbólico de una declaración.

Enfrentado al mundo entero, en una relación de fuerzas política, militar y económica totalmente negativa, el ayatollah dispone de una sola arma, inmaterial, pero que no está lejos de ser el arma absoluta: el principio del Mal. Denegación de los valores occidentales de progreso, de racionalidad, de moral política, de democracia, etc. Negar el consenso universal sobre todas esas buenas cosas le confiere la energía del Mal, la energía satánica del réprobo, el fulgor de la parte maldita. Sólo él tiene actualmente la palabra porque sólo él asume en contra de todos la posición maniquea del principio del Mal, sólo él asume nombrar el Mal y exorcizarlo, sólo él acepta encarnarlo por el terror. Lo que le impulsa nos resulta ininteligible. En cambio, podemos comprobar la superioridad que eso le confiere sobre un Occidente donde en ningún lugar queda la posibilidad de nombrar el Mal, donde la menor negatividad se encuentra asfixiada por el consenso virtual. Nuestros propios poderes políticos ya sólo son la sombra de su función, pues el poder sólo existe gracias a la fuerza simbólica de nombrar al Otro, al Enemigo, a la baza, a la amenaza, al Mal. Hoy ya no la tiene, y paralelamente tampoco existe oposición que pueda o quiera designar al poder como el Mal. Nos hemos vuelto muy débiles en energía satánica, irónica, polémica, antagonista; nos hemos convertido en unas sociedades fanáticamente blandas, o blandamente fanáticas. A fuerza de expulsar de nosotros la parte maldita y de dejar brillar únicamente los valores positivos, nos hemos vuelto dramáticamente vulnerables al menor ataque viral, como el del ayatollah, quien, en cambio, no sufre sin duda de un estado de deficiencia inmunitaria. Sólo podemos oponerle los derechos del hombre, flaco recurso que, en cualquier caso, forma parte de la deficiencia política inmunitaria. Y además, en nombre de los derechos del hombre, acabamos por tratar al ayatollah de «Mal Absoluto» (Mitterrand), es decir, por alinearnos con su imprecación, en contradicción con las reglas de un discurso ilustrado (¿acaso hoy se trata a un loco de «loco»? Ni siquiera se trata a

91

un minusválido de «minusválido»; tan grande es el miedo que le tenemos al Mal que nos atiborramos de eufemismos para evitar designar al Otro, a la desgracia, a lo irreductible). No nos asombremos de que alguien capaz de hablar, literal y triunfalmente, el lenguaje del Mal, desencadene tamaño acceso de debilidad de las culturas occidentales, pese a las peticiones de intelectuales. La legalidad, la buena conciencia, la misma razón se vuelven cómplices de la imprecación. Sólo pueden movilizar todos los recursos del anatema, pero de repente caen en la trampa del principio del Mal, que es esencialmente contagioso. ¿Quién ha ganado? El ayatollah, claro. Es cierto que mantenemos el poder de destruirle, pero simbólicamente ha ganado él, y el poder simbólico siempre es superior al de las armas y el dinero. En cierto modo, es el desquite del otro mundo. Jamás el Tercer Mundo había podido oponer un auténtico desafío a Occidente. Y la URSS, que durante unas cuantas décadas encarnó para Occidente el principio del Mal, se alinea manifiesta y suavemente del lado del Bien, de una gestión moderada de los asuntos (se autopropone, ironía maravillosa, como mediadora entre Occidente y el Satán de Teherán, después de haber defendido durante cinco años los valores occidentales en Afganistán sin que haya acabado de darse cuenta de lo que hace).

El efecto de fascinación, de atracción y de repulsión mundial desencadenado por la sentencia de muerte contra Rushdie se parece a ese fenómeno de despresurización brutal de una cabina de avión con motivo de una brecha o una fractura en el fuselaje (aunque sea accidental, se parece siempre a un acto terrorista). Todo es aspirado violentamente hacia el exterior, hacia el vacío, en función de la diferencia de presión entre los dos espacios. Basta con practicar una brecha, un agujero en la película ultrafina que separa los dos mundos. El terrorismo, la toma de rehenes, es el acto por excelencia que abre este tipo de brecha en un universo artificial y artificialmente protegido (el nuestro). El Islam entero, el Islam *actual*, que no es en absoluto el de la Edad Media y que hay que apreciar en términos *estratégicos* y no morales o religiosos, está a punto de hacer el vacío alrededor del sistema occidental (países del Este incluidos) y de practicar de vez en cuando, mediante un solo acto o una sola palabra, unas grietas en este sistema por las que todos nuestros valores se precipitan al vacío. El Islam no ejerce una presión revolucionaria sobre el universo occidental, no amenaza con convertirlo o conquistarlo: se contenta con desestabilizarlo mediante esta agresión viral en nombre del principio del Mal, al que no tenemos nada que oponer, y con arreglo a esta catástrofe virtual que constituye la diferencia de presión entre los dos medios, el riesgo perpetuo para el universo protegido (el nuestro) de una despresurización brutal del aire (los valores) que respiramos. La verdad es que se ha escapado ya bastante oxígeno de nuestro mundo occidental por todo tipo de fisuras y de intersticios. Nos conviene conservar nuestras máscaras de oxígeno.

La estrategia del ayatollah es sorprendentemente moderna, al contrario de todo lo que pueda afirmarse. Mucho más moderna que la nuestra, ya que consiste en inyectar sutilmente unos elementos arcaicos en un contexto moderno: una fatwa, un decreto de muerte, una imprecación, cualquier cosa. Si nuestro universo occidental fuera sólido, eso no tendría el menor sentido. Por el contrario todo nuestro sistema se hunde en él y le sirve de caja de resonancia: ejerce de supraconductor del virus. ¿Cómo entenderlo? De nuevo, se trata del desquite del Otro Mundo: hemos aportado al resto del mundo cantidad de gérmenes, de enfermedades, de epidemias y de ideologías contra los cuales estaban indefensos, y parece que por un vuelco irónico de las cosas hoy nos hallamos indefensos ante un infame, pequeño y arcaico microbio.

El propio rehén se vuelve microbiano. Alain Bosquet muestra en su último libro (*Le Métier d'otage*) cómo esa parcela del mundo occidental, desviada en el vacío, no puede y tampoco quiere volver a su casa porque sin duda se ha envilecido ante sus propios ojos, pero sobre todo porque todos los suyos, su país, sus conciudadanos se han envilecido colectivamente por su pasividad forzada, por su vulgar cobardía, por la misma negociación, que es degradante en sí y básicamente inútil. Más allá de la negociación, cada toma de rehenes demuestra la ineluctable cobardía de colectividades enteras respecto al menor de sus miembros. Esta indiferencia de la comunidad va acompañada de la indiferencia de cada individuo respecto a la colectividad: así es como funcionamos (mal) en Occidente, y esta miseria política es lo que revela despiadadamente la estrategia del rehén. Desestabilizando a un solo individuo se desestabiliza todo un sistema. Esta es la razón de que el rehén no pueda perdonar a los suyos que le hayan convertido mientras tanto en un héroe, para esquivarlo inmediatamente después por otro lado.

No estamos en la cabeza del ayatollah ni en el corazón de los musulmanes. Lo que podemos hacer es escapar a ese pensamiento débil que consiste en imputar todo esto al fanatismo religioso. Pero creo que estamos mal preparados para aceptar el desafío de esa violencia simbólica desde el momento en que intentamos borrar el Terror del recuerdo de la Revolución Francesa, en favor de una conmemoración que adopta, al igual que el consenso, todos los aspectos de una estructura hinchable. ¿Qué hacer ante esta nueva violencia si decidimos borrar la violencia de nuestra propia historia?

Ya no sabemos nombrar el Mal.

Sólo sabemos entonar el discurso de los derechos del hombre –valor piadoso, débil, inútil, hipócrita, que se sustenta en una creencia iluminista en la atracción natural del Bien, en una idealidad de las relaciones humanas (cuando, evidentemente, para el Mal no existe otro tratamiento que el Mal).

Además, este Bien, este valor ideal, siempre es concebido de manera proteccionista, miserable, negativa, reactiva. Es la minimización del Mal, profilaxis de la violencia, seguridad. Fuerza condescendiente y depresiva de la buena voluntad que sólo concibe en el mundo la rectitud y se niega a considerar la curvatura del Mal, la inteligencia del Mal.

Sólo existe «derecho a la palabra» si la palabra es contemplada como la expresión «libre» de un individuo. Si se la concibe como forma dual, cómplice, antagonista, seductora, el concepto de derecho deja de tener el menor sentido.

¿Existe un derecho al deseo, un derecho al inconsciente, un derecho al goce? Absurdo. Esto constituye la ridiculez de la liberación sexual, cuando habla en términos de derecho. Esto constituye la ridiculez de nuestra Revolución «conmemorada», cuando habla en términos de derechos del hombre.

El «derecho a la vida» hace vibrar a todas las almas piadosas hasta que desemboca en el derecho a la muerte, donde estalla la absurdidad de todo eso. Ya que, a fin de cuentas, morir –o también vivir– es un destino, una fatalidad (feliz o desdichada), no es un derecho.

¿Por qué no reivindicar el «derecho» a ser hombre o mujer? ¿Por qué no el de ser Leo o Acuario o Cáncer? Pero ¿qué quiere decir ser hombre o mujer, si se tiene el derecho? Lo apasionante es que la vida nos haya colocado a un lado o a otro, y que tengamos que representarlo. Es la regla de un juego simbólico cuya transgresión carece de sentido. Puedo reivindicar el derecho de hacer avanzar el caballo de ajedrez en línea recta, pero ¿qué sentido tiene? El derecho en este tipo de cosas es estúpido.

El derecho al trabajo: hasta ahí hemos llegado, por una ironía feroz. ¡El derecho al paro! ¡El derecho de huelga! Nadie percibe el humor surrealista de tales cosas. Existen, sin embargo, ocasiones en las que estalla ese humor negro. Por ejemplo, en el caso del condenado a muerte americano que reclama el derecho a ser ejecutado, en contra de todas las ligas de los derechos del hombre, que luchan para conseguir su indulto. Eso sí es interesante. En la lista de los derechos también aparecen variantes inesperadas: los israelíes reivindican como una especie de derecho el hecho de contar con criminales entre ellos, después de haber sido siempre víctimas. ¡Poderse dar finalmente el lujo oficial de la criminalidad!

No hay duda de que con Chernobil, el seísmo de Armenia y el naufragio del submarino atómico la URSS ha dado un paso de gigante en el camino de los derechos del hombre (mucho más que en Helsinki u otra parte): el derecho a la catástrofe. Derecho esencial, fundamental: derecho al accidente, derecho al crimen, derecho al error, derecho al mal, derecho a lo peor y no únicamente a lo mejor; eso es lo que nos convierte en hombres dignos de tal nombre, mucho más que el derecho a la felicidad.

Irresistiblemente, el derecho adopta esa curva maléfica que hace que si una cosa es obvia, cualquier derecho sea superfluo, y si se impone la reivindicación del derecho, significa que la cosa se ha perdido; el derecho al agua, al aire, al espacio, significan la desaparición progresiva de todos esos elementos. El derecho de respuesta indica la ausencia de diálogo, etc.

Los derechos del individuo pierden su sentido a partir de

que éste deja de ser un ser alienado, privado de su ser propio, extraño a sí mismo —como ocurrió en las sociedades de explotación y de penuria—, y se vuelve, en su fórmula posmoderna, autorreferencial, *autoperformante*. El sistema de los derechos del hombre resulta completamente inadecuado e ilusorio en una coyuntura semejante. El individuo flexible, móvil, de geometría variable, ya no es un sujeto de derecho, es un táctico y un promotor de su propia existencia; ya no se refiere a ninguna instancia de derecho sino a la mera calidad de su operación o de su *performance*.

Y, sin embargo, hoy los derechos del hombre adquieren una actualidad mundial. Es la única ideología actualmente disponible. Y es lo mismo que decir el grado cero de la ideología, el saldo de cualquier historia. Derechos del hombre y ecología son las dos ubres del consenso. La Carta Planetaria actual es la de la Nueva Ecología Política.

¿Hay que ver en la apoteosis de los derechos del hombre la ascensión irresistible de la estupidez, esta obra maestra en peligro que sin embargo promete iluminar el final de siglo con todos los resplandores del consenso?

La inútil querella en torno a Heidegger carece de sentido filosófico propio, sólo es sintomática de una debilidad del pensamiento actual que, a falta de descubrir una nueva energía, retorna obsesivamente sobre sus orígenes, sobre la pureza de sus referencias, y revive dolorosamente, en este final de siglo, la escena primitiva del comienzo del mismo. En líneas generales, el caso Heidegger es sintomático del *revival* colectivo que se ha apoderado de esta sociedad a la hora del balance secular: *revival* del fascismo, del nazismo, del exterminio. Hay también tentación de reabrir el proceso a la escena histórica primitiva, de blanquear los cadáveres y de verificar las cuentas, y al mismo tiempo fascinación perversa del retorno a las fuentes de la violencia, alucinación colectiva de la verdad histórica del Mal. Nuestra imaginación actual debe de ser muy débil, y nuestra indiferencia a nuestra propia situación y a nuestro propio pensamiento muy grande para que necesitemos una taumaturgia tan regresiva.

Se acusa a Heidegger de haber sido nazi. Qué importa, por otra parte, que se le acuse o que se intente disculparle: todo el mundo, de uno u otro lado, cae en la misma trampa de un pensamiento pobre, de un pensamiento débil que ya ni siquiera conserva el orgullo de sus propias referencias —y mucho menos la energía de superarlas— y que desperdicia lo que le queda en procesos, memoriales de agravios, justificaciones, verificaciones históricas. Autodefensa de la filosofía, a la que se le van los ojos tras la ambigüedad de sus maestros (incluso pisoteándolos como maestros-pensadores); autodefensa de toda una sociedad que, a falta de haber podido generar otra historia, se dedica a machacar la historia anterior para demostrar su existencia, incluso sus crímenes. Pero ¿qué significa esta prueba? Como nosotros *hoy* hemos desaparecido política e históricamente (éste es nuestro problema), queremos demostrar que fallecimos entre 1940 y 1945, en Auschwitz o en Hiroshima —eso al menos es una historia fuerte—. De la misma manera que los armenios se desgañitan para demostrar que fueron masacrados en 1917, prueba inaccesible, inútil, pero en cierto modo vital. Ya que la filosofía, hoy, ha desaparecido (es su problema: ¿cómo vivir en estado de desaparición?), debe demostrar que ha sido definitivamente comprometida con Heidegger o que perdió la voz en Auschwitz. Todo ello es un desesperado recurso histórico a una verdad póstuma, a una disculpa póstuma —y esto en un momento en que precisamente ya no existe suficiente verdad para alcanzar cualquier verificación, en que precisamente ya no existe suficiente filosofía para sustentar una relación cualquiera entre la teoría y la práctica, en que precisamente ya no existe suficiente historia para aportar una prueba histórica cualquiera de lo que ha ocurrido.

Olvidamos que toda nuestra realidad ha pasado por el hilo de los media, incluidos los acontecimientos trágicos del pasado. Eso quiere decir que es demasiado tarde para comprobarlos o comprenderlos históricamente, pues lo que caracteriza precisamente nuestra época, nuestro fin de siglo, es que los instrumentos de esta inteligibilidad han desaparecido. Había que comprender la historia mientras existía historia. Había que denunciar (o defender) a Heidegger cuando le tocaba. Un proceso sólo puede ser incoado cuando existe un desarrollo consecutivo. Ahora ya es demasiado tarde; hemos pasado a otra cosa, como bien se ha visto con *Holocausto* en la televisión, e incluso con *Shoah*. Esas cosas no fueron comprendidas en el momento en que teníamos los medios para hacerlo. Ahora ya no lo serán. Ya no lo serán porque nociones tan fundamentales como las de responsabilidad, causa objetiva, sentido (o sinsentido) de la historia, han desaparecido o están a punto de desaparecer. Los efectos de conciencia moral, de conciencia colectiva, son por entero efectos mediáticos. Y por el empecinamiento terapéutico con que se intenta resucitar esta conciencia se puede entender el escaso aliento que le resta.

Jamás sabremos si el nazismo, los campos de concentración, Hiroshima, eran inteligibles o no, ya no estamos en el mismo universo mental. Reversibilidad de la víctima y del verdugo, difracción y disolución de la responsabilidad son las virtudes de nuestra maravillosa interfaz. Ya ni siquiera tenemos la fuerza del olvido, nuestra amnesia es la de las imágenes. ¿Quién va a decretar la amnistía cuando todo el mundo es culpable? En cuanto a la autopsia, ya nadie cree en la verdad anatómica de los hechos: trabajamos a partir de modelos. Aunque los hechos aparecieran ahí, deslumbrantes, bajo nuestra mirada, no podrían aportar la prueba ni la convicción. Así es como a fuerza de escrutar el nazismo, las cámaras de gas, etc., para analizarlos, se han vuelto cada vez menos inteligibles y se ha acabado por plantear, lógicamente, una pregunta inverosímil: «Pero en el fondo, ¿todo eso ha existido realmente?» Es posible que esta pregunta resulte insoportable, pero lo interesante es lo que la hace lógicamente posible: la sustitución mediática de los acontecimientos, de las ideas, de la historia, que cuanto más se los escrute, cuanto mejor se delimiten sus detalles para entender sus causas, más dejarán de existir, más dejarán *de haber existido*. Confusión sobre la identidad de las cosas a fuerza de instruirlas, de memorizarlas. Indiferencia de la memoria, indiferencia hacia la historia equivalente a los propios esfuerzos por objetivarla. Un día nos preguntaremos si el propio Heidegger ha existido. La paradoja de Faurisson puede parecer odiosa (y lo es en su pretensión histórica de que las cámaras de gas no han existido) pero, por otra parte, traduce exactamente el movimiento de toda una cultura, el callejón sin salida de un fin de siglo alucinado, fascinado por el horror de sus orígenes, para el cual el olvido es imposible y cuya única salida está en la denegación.

De todos modos, si la prueba es inútil, ya que no existe discurso histórico para incoar el proceso, también es imposible el castigo. Auschwitz y el exterminio son inexpiables. No existe equivalencia posible en el castigo, y la irrealidad del castigo provoca la irrealidad de los hechos. Lo que estamos viviendo es algo muy diferente. Lo que está ocurriendo, colectiva y confusamente, a través de todos los procesos y todas las polémicas, es el paso de la fase histórica a una fase mítica, es la reconstrucción mítica, y mediática, de todos estos acontecimientos. Y en cierto sentido esta conversión mítica es la única operación que puede, no disculparnos moralmente, pero sí absolvernos imaginariamente de este crimen original. Pero para ello, para que hasta un crimen se vuelva mito, es preciso que se dé un final a su realidad histórica. En caso contrario, habiendo sido y siendo para nosotros todas estas cosas, el fascismo, los campos, el exterminio, históricamente insolubles, estamos condenados a repetirlas eternamente como una escena primitiva. No son las nostalgias fascistas lo peligroso; lo peligroso y ridículo es la reactualización patológica de un pasado del que todos, tanto los enemigos como los defensores de la realidad de las cámaras de gas, tanto los detractores como los defensores de Heidegger, son los actores simultáneos y casi cómplices; es la alucinación colectiva que transporta todo el imaginario ausente de nuestra época, toda la baza de violencia y realidad hoy ilusoria, hacia esa época, en una especie de compulsión por revivirla y de culpabilidad profunda por no haberla vivido. Todo esto se traduce en un abreacción desesperada ante el hecho de que esos acontecimientos están a punto de escapársenos en el plano real. El caso Heidegger, el proceso Barbie, etc., son las ridículas convulsiones de esta pérdida de realidad, *la nuestra actualmente*, y de la que las proposiciones de Faurisson son la traducción cínica en el pasado. «Eso no ha existido» significa simplemente que nosotros tampoco existimos lo suficiente para mantener una memoria, y que sólo disponemos, para sentirnos vivos, de los medios de la alucinación.

Post-Scriptum

¿No podríamos, a la vista de todo eso, ahorrarnos este final de siglo? Propongo que se supriman de antemano los años noventa y que pasemos directamente del 89 al año 2000. Pues estando ya ahí este final de siglo, con todo su pathos necrocultural, sus lamentaciones, sus conmemoraciones, sus interminables museificaciones, ¿todavía tenemos que aburrirnos diez años más en el mismo infierno?

Rectificación: ¡Hurra! ¡La Historia ha resucitado!

El acontecimiento del final de siglo está en marcha. Todo el mundo respira ante la idea de que la Historia, asfixiada un momento por el dominio de la ideología totalitaria, recupera su curso de la mejor de las maneras con el levantamiento del bloqueo de los países del Este. El campo de la Historia se ha reabierto finalmente al movimiento imprevisible de los pueblos y a su sed de libertad. De modo absolutamente contrario a la mitología depresiva que suele acompañar los fines de siglo, éste parece que va a inaugurar un deslumbrante recrudecimiento del proceso final, una nueva esperanza y un resurgimiento de todas las bazas.

Visto de cerca, el acontecimiento es algo más misterioso y estaría mucho más cerca de un objeto «histórico» no identificable. Extraordinaria peripecia, sin duda, esta descongelación de los países del Este, esta descongelación de la libertad. Pero ¿qué le pasa a la libertad cuando se descongela? Operación peligrosa cuyo resultado es equívoco (al margen de que ya no se puede volver a congelar lo que ha sido descongelado). La URSS y los países del Este han constituido, al mismo tiempo que un congelador, un test y un medio experimental para la libertad, porque allí estaba secuestrada y sometida a elevadísimas presiones. Occidente, a su vez, sólo es un conservatorio o, mejor dicho, un vertedero de la libertad y los Derechos del Hombre. Si la ultracongelación era la marca distintiva y negativa del universo del Este, la ultrafluidez de nuestro universo occidental es aún más escabrosa, ya que a fuerza de liberación y de liberalización de las costumbres y las opiniones ni siquiera admite que pueda ser planteado el problema de la libertad. Es algo virtualmente decidido. En Occidente, la libertad, la idea de la libertad, ha muerto de muerte natural. En todas las conmemoraciones recientes se ha visto con total claridad que la idea ha desaparecido. En el Este ha sido asesinada, pero el crimen jamás es perfecto. Será una experiencia muy interesante ver qué ocurre con la libertad cuando reaflora a la superficie, cuando se la resucita después de haber borrado todos sus signos. Veremos lo que es un proceso de reanimación, de rehabilitación *post mortem*. Es posible que la libertad descongelada no tenga muy buen aspecto. ¿Y si descubrimos que sólo tiene una urgencia, la de negociarse en fervores automovilísticos o electrodomésticos, o bien psicotrópicos y pornográficos, es decir, intercambiarse inmediatamente en liquideces occidentales, pasar de un final de la historia por congelación a un final de la historia por ultrafluidez y circulación? Pues lo apasionante de los acontecimientos del Este no es, sin duda, verlos incorporarse dócilmente a una democracia convaleciente, aportándole una energía fresca (y unos nuevos mercados), sino ver chocar entre sí dos modalidades específicas del final de la Historia: una que acaba en el hielo, en los campos de concentración, y otra que acaba, por contra, en la expansión total y centrífuga de la comunicación. Solución final en ambos casos. Y es posible que la descongelación de los derechos del hombre sea el equivalente socialista de la «despresurización de Occidente»: una simple pérdida en el vacío occidental de las energías secuestradas en el Este durante medio siglo.

El fervor de los acontecimientos puede ser engañoso; si el de los países del Este sólo es el fervor de la desideologización, un fervor mimético por los países liberales en los que toda libertad ha sido canjeada por la facilidad técnica de vivir, entonces sabremos lo que vale definitivamente la libertad, y que tal vez jamás se recupera por segunda vez. La Historia jamás repite el mismo plato. En cambio, esta descongelación del Este puede ser tan nefasta a largo plazo como el exceso de gas carbónico en las altas capas de la atmósfera, creando un efecto de invernadero político, un recalentamiento tal de las relaciones humanas en el planeta, por la fusión de los bancos de hielo comunistas, que las orillas occidentales quedarán sumergidas. Curiosamente, vemos como una catástrofe esta fusión climática de los hielos y los témpanos, mientras aspiramos a ella democráticamente con todas nuestras fuerzas.

Si tiempo atrás la URSS hubiera lanzado su stock de oro al mercado mundial, lo habría desestabilizado por completo. Si los países del Este ponen en circulación el inmenso stock de libertad que han mantenido congelado, desestabilizarán también con ello el fragilísimo metabolismo de los valores occidentales, que pretende que la libertad ya no aparezca como acción, sino como forma virtual y consensual de la interacción; no como drama, sino como psicodrama universal del liberalismo. Una inyección repentina de libertad como intercambio real, como trascendencia violenta y activa, como Idea, sería absolutamente catastrófica para nuestra forma de redistribución climatizada de los valores. No obstante, eso es lo que les pedimos: la libertad, la imagen de la libertad, a cambio de los signos materiales de la libertad. Contrato completamente diabólico donde unos corren el peligro de perder su alma y los otros su comodidad. Pero quizá sea mejor así para ambas partes.

Las sociedades enmascaradas (las sociedades comunistas) se ha desenmascarado. ¿Qué cara tienen? Nosotros hace mucho que nos hemos desenmascarado, y ya no tenemos ni máscaras ni caras. Carecemos también de memoria. Estamos buscando en el agua la memoria sin huellas, es decir, esperando que reste todavía algo, aunque hasta las huellas moleculares hayan desaparecido. Así ocurre con nuestra libertad: nos costaría un gran trabajo producir algún signo de ella, y estamos postulando su existencia infinitesimal, impalpable, indetectable, en un medio de tan elevada dilución (programática, operacional) que sólo su espectro sigue flotando en una memoria que ya sólo es la del agua.

En Occidente la fuente de la libertad se ha agotado hasta tal punto (como demuestra la conmemoración de la Revolución) que tenemos que esperarlo todo de los yacimientos del Este, finalmente abiertos y descubiertos. Pero una vez liberado este stock de libertad (habiéndose vuelto la Idea de la Libertad tan excepcional como un recurso natural), ¿qué puede ocurrir a partir de ahí, sino, como en todo mercado, una intensa energía superficial de los intercambios, seguida de un rápido hundimiento de las energías diferenciales y de los valores?

¿Qué significa la glasnost? La transparencia retroactiva de todos los signos de la modernidad, acelerados y de segunda mano (casi un *remake* posmoderno de nuestra versión original de la modernidad), de todos los signos positivos y negativos confundidos; es decir, no sólo de los derechos del hombre, sino de los crímenes, de las catástrofes, de los accidentes, de los que se nota una alegre recrudescencia en la URSS a partir de la liberalización del régimen. Así hasta llegar al redescubrimiento de la pornografía y los extraterrestres, todo ello castigado hasta ahora por la censura, pero celebrando su reaparición al mismo tiempo que todo el resto. Eso es lo que tiene de experimental esta descongelación global; vemos que los crímenes, las catástrofes, atómicas o naturales, que todo lo que ha sido rechazado forma parte de los derechos del hombre (lo religioso también, claro está, y la moda sin exclusión alguna), y eso es una buena lección de democracia. Pues vemos reaparecer ahí todo lo que somos, todos los emblemas supuestamente universales de lo humano en una especie de alucinación ideal y de vuelta de lo rechazado, incluido lo peor, lo más banal y lo más trasnochado de la «cultura» occidental, y para lo cual ya no existirán ahora fronteras. Así pues, una hora de la verdad para esta cultura, como lo fue el enfrentamiento con las culturas salvajes de todo el mundo (del que no puede decirse que saliera demasiado bien). La ironía de las cosas consiste en que tal vez un día nos veremos obligados a salvar la memoria histórica del estalinismo, cuando los países del Este ya no se acordarán de él. Tendremos que mantener congelada la memoria de aquel tirano que mantenía congelado el movimiento de la Historia, porque esa época glacial también forma parte del patrimonio universal.

Estos acontecimientos son notables bajo otro aspecto. Todos los virtuosamente hostiles al final de la Historia deberían interrogarse acerca del viraje que emprende aquí la Historia, en estos acontecimientos actuales, no sólo hacia su fin (que sigue formando parte de la fantasía lineal de la Historia), sino hacia su desviación y desvanecimiento sistemático. Estamos a punto de borrar todo el siglo XX. Estamos a punto de borrar uno tras otro todos los signos de la guerra fría, tal vez incluso todos lo signos de la Segunda Guerra Mundial, y los de todas las revoluciones políticas o ideológicas del siglo XX. La reunificación de Alemania y otros hechos semejantes son inevitables, no en el sentido de una aceleración sobresaltada de la Historia, sino en el sentido de una reescritura al revés de todo el siglo XX, que ocupará en amplia medida los diez últimos años del fin de siglo. Al ritmo que llevamos, pronto habremos llegado al Sacro Imperio Romano-Germánico. Y tal vez esté ahí la iluminación de este fin de siglo y el auténtico sentido de la fórmula controvertida del final de la Historia. En una especie de despedida entusiasta, estamos dispuestos a rebajar todos los acontecimientos destacados de este siglo, a *blanquearlo*, como si todo lo que hubiera ocurrido (las revoluciones, la división del mundo, el exterminio, la violenta transnacionalidad de los Estados, el suspense nuclear), en suma, la Historia en su fase moderna, sólo fuera un embrollo sin solución y todo el mundo se hubiera entregado a deshacer esta historia con el mismo entusiasmo que había puesto en hacerla. Restauración, regresión, rehabilitación, *revival* de las viejas fronteras, de las viejas diferencias, de las singularidades, de las religiones, arrepentimiento, incluso en cuanto a las costumbres; parece que todos los signos de liberación adquiridos a lo largo de un siglo se atenúan y tal vez acabarán por apagarse uno tras otro: estamos en un gigantesco proceso de *revisionismo*, no ideológico sino de revisión de la propia Historia, y parece que nos urja conseguirlo antes del fin de siglo. ¿Tal vez con la secreta esperanza, en el nuevo milenio, de recomenzar desde cero? ¿Y si pudiéramos restaurarlo todo en el estado inicial? Pero ¿antes de qué, antes del siglo XX, antes de la Revolución? ¿Hasta dónde puede llevar esta reabsorción, este rebajamiento? Puede tomar gran velocidad (como lo muestran los acontecimientos del Este) precisamente porque no se trata de una construcción, sino de una desconstrucción masiva de la Historia, que casi adopta una foma viral y epidémica. ¿Es posible incluso que, a fin de cuentas, el año 2000 no se produzca, como antes habíamos propuesto, simplemente porque la curva de la Historia se haya replegado hasta tal punto en sentido inverso que ya no supere jamás este horizonte del tiempo? La Historia sería una trayectoria asintótica que se acerca indefinidamente a su fin, pero no lo alcanza jamás, y finalmente se aleja de él en sentido inverso.

EL DESTINO DE LA ENERGIA

Todos los acontecimientos aquí descritos dependen de un doble diagnóstico: físico y metafísico. Físicamente, nos enfrentaríamos a una especie de transición de fase gigantesca en un sistema humano en desequilibrio. Esta transición de fase, al igual que los sistemas físicos, sigue resultándonos ampliamente misteriosa, pero de por sí, esta evolución catastrófica no es benéfica ni maléfica, es simplemente catastrófica, en el sentido literal de la palabra.

El prototipo de esta declinación teórica, de esta hipersensibilidad a los datos iniciales, es el destino de la energía. Nuestra cultura ha visto desarrollarse un proceso irreversible de liberación de la energía. Todas las demás dependían de un pacto reversible con el mundo, de una ordenanza estable en la que también intervenían unos factores energéticos, pero jamás un principio de liberación de la energía. La energía es lo primero que se «libera», y este modelo será reproducido por todas las liberaciones posteriores. El propio hombre es liberado en tanto que fuente de energía, y se convierte así en el motor de una historia y de una aceleración de la historia.

La energía es un especie de proyección fantástica que alimenta todos los sueños industriales y técnicos de la modernidad, así como también modifica la concepción del hombre en el sentido de una dinámica de la voluntad. Sabemos, sin embargo, por el análisis de los fenómenos de turbulencia, de caos y de catástrofe en la física más reciente, que cualquier flujo, cualquier proceso lineal adopta, cuando se le acelera, una curva extraña: la de la catástrofe.

La catástrofe que nos acecha no es la de un agotamiento de los recursos. Cada vez habrá más energía, bajo todas sus formas, por lo menos en el marco de un plazo temporal más allá del cual ya no nos sentimos humanamente implicados. La energía nuclear es inagotable, la energía solar, la de las mareas, la de los grandes flujos naturales, e incluso la de las catástrofes naturales, de los seísmos o de los volcanes es inagotable (podemos confiar en la imaginación técnica). Por el contrario, lo dramático es la dinámica del desequilibrio, la aceleración del propio sistema energético que puede producir un desarreglo homicida en un plazo muy breve. Ya poseemos algunos ejemplos espectaculares de las consecuencias de la liberación de la energía nuclear (Hiroshima y Chernobil), pero cualquier reacción en cadena, viral o radioactiva, es potencialmente catastrófica. Nada nos protege de una epidemia total, ni siquiera los glacis que rodean las centrales atómicas. Pudiera ocurrir que el sistema entero de transformación del mundo por la energía hubiera entrado en una fase viral y epidémica, correspondiendo a lo que es la energía en su esencia: un gasto, una caída, un diferencial, un desequilibrio, una catástrofe en miniatura que comienza por producir efectos positivos pero que, superada por su propio movimiento, adopta las dimensiones de catástrofe global.

Podemos considerar la energía como una causa que produce unos efectos, pero también como un efecto que se reproduce a sí mismo y deja, por tanto, de obedecer a cualquier casualidad. La paradoja de la energía consiste en que es a la vez una revolución de las causas y una revolución de los efectos, casi independientes entre sí, y que se convierte en el espacio no sólo de un encadenamiento de las causas sino también de un desencadenamiento de los efectos.

La energía entra en sobrefusión. El sistema entero de transformación del mundo entra en sobrefusión. De variable material y productiva, la energía pasa a ser un proceso vertiginoso que se alimenta de sí mismo (razón por la cual no corremos el riesgo de carecer de ella).

La ciudad de Nueva York, por ejemplo. Es un milagro que todo recomience cada mañana, con la cantidad de energía gastada la víspera. Es algo inexplicable, a no ser que consideremos que no existe un principio racional de pérdida de la energía, que el funcionamiento de una megalópolis como Nueva York contradice la segunda ley de la termodinámica, que se alimenta de su propio ruido, de sus propios desechos, de su propio gas carbónico, y la energía nace del gasto de la energía por una especie de milagro de sustitución. Los expertos que sólo calculan los datos cuantitativos de un sistema energético subestiman esta fuente original de energía que es su propio gasto. En Nueva York, este gasto está totalmente espectacularizado, sobrepasado por su propia imagen. Esta sobrefusión de la energía que Jarry describía en la actividad sexual (*Le Surmâle*) también vale en el caso de la energía mental o de la energía mecánica: en la *décuplette* que recorre Siberia persiguiendo el Transiberiano, algunos velocipedistas mueren, pero no por ello dejan de pedalear. La rigidez cadavérica se vuelve movilidad cadavérica, el muerto pedalea indefinidamente, acelera incluso, en función de la inercia. La energía está supermultiplicada por la inercia del muerto.

Esto coincide con la fábula de las Abejas de Mandeville: la

energía, la riqueza, el resplandor de una sociedad proceden de sus vicios, sus males, sus excesos y sus desfallecimientos. Contrasentido del postulado económico: si algo ha sido gastado, es preciso que haya sido producido. No es cierto. Cuando más se gasta más aumenta la energía y la riqueza. Esto es la energía propia de la catástrofe, que ningún cálculo económico sabría explicar. Una cierta forma de exaltación que se encuentra en los procesos mentales reaparece hoy en los procesos materiales. Todas estas cosas son ininteligibles en términos de equivalencia, pero no lo son en términos de reversibilidad y de inflación.

Así pues, la energía de los neoyorquinos procede de su aire viciado, de la aceleración, del pánico, de las condiciones irrespirables, de un entorno humanamente impensable. Es incluso verosímil que la droga y todas las actividades compulsivas que provoca entren en la tasa de vitalidad y de metabolismo bruto de la ciudad. Todo entra allí, tanto las actividades más nobles como las más innobles. La reacción en cadena es total. Ha desaparecido cualquier idea de funcionamiento normal. Todos los seres conspiran, como se habría dicho en el siglo XVIII, en el mismo desbordamiento, en la misma superexcitación dramática, que desborda en mucho la necesidad de vivir y se parece más a la obsesión irreal de sobrevivir, a la pasión fría de sobrevivir que se apodera de todos y se nutre de su propio furor.

Disuadir a la gente de esta prodigalidad, de este despilfarro, de este ritmo inhumano, sería un doble error, ya que de lo que agotaría a un ser normal obtienen los recursos de una energía anormal; y, por otra parte, se sentirían humillados si tuvieran que frenar y economizar energía: significaría una degradación de su *standing* colectivo, una desmedida y una movilidad urbana, única en el mundo, de la que son los actores conscientes o inconscientes.

Así pues, la especie humana incurre menos en peligros *por defecto* (extinción de los recursos naturales, depredación del entorno, etc.) que en peligros *por exceso*: aceleración de la energía, reacción en cadena incontrolable, autonomización insensata. Esta distinción es capital, pues si bien podemos responder a los peligros por defecto mediante una Nueva Ecología Política, cuyo principio está hoy asumido (forma parte de los Derechos Internacionales de la Especie), no podemos contrarrestar de ninguna manera la otra lógica interna, la aceleración que juega a doble o nada con la naturaleza. Si por un lado existe un reequilibrio posible del nido, un balance posible de las energías, por el otro nos tropezamos con un movimiento definitivamente *out of balance*. Si, por un lado, podemos hacer jugar unos principios éticos, es decir, una finalidad trascendente al proceso material –aunque sea la de la simple supervivencia–, por el otro, el proceso no tiene más finalidad que una proliferación sin límites, absorbe cualquier trascendencia y devora a sus actores. Así es como en plena esquizofrenia planetaria, vemos desarrollarse todo tipo de medidas ecológicas –una estrategia de fácil uso y de interacción ideal con el mundo– y proliferar a la vez las empresas de devastación, de *performance* desenfrenada. Son, además, muchas veces los mismos quienes participan en las dos a un tiempo.

Por otra parte, si el destino del primer movimiento puede parecer relativamente claro (la conservación de la especie mediante la hospitalidad ecológica), ¿qué sabemos del destino secreto del otro? ¿No existirá al término de esta aceleración, de este movimiento excéntrico, *un destino* de la especie humana, otra relación simbólica con el mundo mucho más compleja y más ambigua que la del equilibrio y la interacción? Un destino vital también, pero que supondría un riesgo total.

Si así hubiera de ser nuestro destino, es evidente que las

divinidades racionales de la ecología nada podrían contra esta precipitación de las técnicas y las energías hacia un final imprevisible, en una especie de Gran Juego cuyas reglas no conocemos. Ni siquiera estamos al amparo de los efectos perversos que suponen las medidas de seguridad, control y prevención. Sabemos a qué peligrosos extremos puede conducir la profilaxis en todos los campos (social, sanitario, económico, político): en nombre de la más alta seguridad puede instalarse un terror *endémico*, una obsesión de control que iguala con mucha frecuencia los peligros *epidémicos* de la catástrofe. Hay algo seguro: la complejidad de los datos iniciales y la reversibilidad potencial de todos los efectos hacen que no podamos ilusionarnos con ninguna forma de intervención racional. Ante un proceso que supera en mucho la voluntad individual y colectiva de los actores, no podemos más que admitir que cualquier distinción entre el bien y el mal (y, por tanto, en este caso la posibilidad de opinar de la justa medida del desarrollo tecnológico) sólo vale estrictamente en el margen ínfimo de nuestro modelo racional —dentro de estos límites son posibles una reflexión ética y una determinación práctica—. Más allá de este margen, a la altura del conjunto del proceso que hemos desencadenado y que ahora se desarrolla sin nosotros con la implacabilidad de una catástrofe natural, reina, para bien o para mal, la *inseparabilidad del bien y el mal*, y por consiguiente la imposibilidad de promover al uno sin el otro. Esto es exactamente *el teorema de la parte maldita*, y no hay otro motivo para preguntarse si debe ser así; *es* así, y no reconocerlo significa caer en la mayor ilusión. Esto no invalida lo que pueda hacerse en la esfera ética, ecológica y económica de nuestra vida, pero relativiza totalmente su alcance al nivel simbólico del destino.

EL TEOREMA DE LA PARTE MALDITA

La producción ininterrumpida de positividad tiene una consecuencia terrorífica. Si la negatividad engendra la crisis y la crítica, la positividad hiperbólica engendra, a su vez, la catástrofe, por incapacidad de destilar la crisis y la crítica en dosis homeopáticas. Cualquier estructura que acose, que expulse y exorcize sus elementos negativos corre el peligro de una catástrofe por reversión total, de la misma manera que cualquier cuerpo biológico que acose y elimine sus gérmenes, sus bacilos, sus parásitos, sus enemigos biológicos, corre el peligro de la metástasis y el cáncer, es decir, de una positividad devoradora de sus propias células, o el peligro viral de ser devorado por sus propios anticuerpos, ahora sin empleo.

Todo lo que expurga su parte maldita firma su propia muerte. Así reza el teorema de la parte maldita.

La energía de la parte maldita, la violencia de la parte maldita, es la del principio del Mal. Bajo la transparencia del consenso está la opacidad del mal, su tenacidad, su obsesión, su irreductibilidad, su energía inversa trabajando por doquier en el desarreglo de las cosas, en la viralidad, en la aceleración, en el desbocamiento de los efectos, en la superación de las causas, en el exceso y la paradoja, en la extrañeza radical, en

115

los atractores extraños y en los encadenamientos inarticulados.

El principio del Mal no es moral; es un principio de desequilibrio y de vértigo, un principio de complejidad y de extrañeza, un principio de seducción, un principio de incompatibilidad, de antagonismo e irreductibilidad. No es un principio de muerte, sino, muy al contrario, un principio vital de desunión. Desde el paraíso, con el que ha terminado su advenimiento, es el principio del conocimiento. Si fuimos expulsados de él por culpa del conocimiento, aprovechemos por lo menos todos los beneficios. Cualquier intento de redención de la parte maldita, de redención del principio del Mal, sólo puede instaurar nuevos paraísos artificiales, los paraísos artificiales del consenso que sí son un auténtico principio de muerte.

Analizar los sistemas contemporáneos en su forma catastrófica, en sus fracasos, en sus aporías, pero también en el porqué de su excesivo buen funcionamiento y de su extravío en el delirio de su propio funcionamiento, es hacer resurgir por todas partes el teorema y la ecuación de la parte maldita, es comprobar por doquier su indestructible poder simbólico.

Pasar cerca del principio del Mal implica un juicio no sólo crítico, sino criminal sobre todas las cosas. Este juicio sigue siendo públicamente impronunciable en cualquier sociedad, incluso liberal (¡como la nuestra!). Cualquier posición que adopte el partido de lo inhumano o del principio del Mal es rechazada por todos los sistemas de valores (por principio del Mal sólo entiendo el simple enunciado de unas cuantas evidencias crueles sobre los valores, el derecho, el poder, la realidad...). No existe bajo este aspecto ninguna diferencia entre el Este, el Oeste, el Sur o el Norte. Y no existe la menor posibilidad de que esta intolerancia, tan opaca y cristalina como un muro de cristal y a la cual ningún progreso en la moralidad o la inmoralidad contemporáneas ha conseguido modificar, termine.

El mundo está tan lleno de sentimientos positivos, de sentimentalismos ingenuos, de vanidad canónica y de adulaciones serviles que la ironía, la burla, la energía *subjetiva* del mal son siempre las más débiles. Al ritmo que toman las cosas, cualquier movimiento de ánimo un poco negativo no tardará en recaer en la clandestinidad. Ahora ya se ha hecho incomprensible la menor alusión espiritual. Pronto será imposible emitir la menor reserva. Sólo restarán la repugnancia y la consternación.

Afortunadamente, el genio maligno ha pasado a las cosas, a la energía *objetiva* del mal. Démosle el nombre que queramos a lo que se está abriendo paso: la parte maldita o los atractores extraños, el destino o la dependencia sensitiva respecto de los datos iniciales; ya no escaparemos a este ascenso acelerado, a esta trayectoria exponencial, a esta auténtica patafísica de los efectos inconmensurables. La excentricidad de nuestros sistemas es ineluctable. Como decía Hegel, nos hallamos de lleno «en la vida, móvil en sí, de lo que ha muerto». Más allá de ciertos límites ya no existe relación de causa y efecto, sólo existen relaciones virales de efecto a efecto, y la totalidad del sistema se mueve por inercia. El film de este ascenso acelerado, de esta velocidad y de esta ferocidad de la muerte, es la historia moderna de la parte maldita. No se trata de explicarla, hay que ser su espejo en tiempo real. Hay que superar la velocidad de los acontecimientos, que han superado desde hace mucho tiempo la velocidad de liberación. Y hay que expresar la incoherencia, la anomalía, la catástrofe; hay que expresar la vitalidad de todos esos fenómenos extremos, que juegan con el exterminio y simultáneamente con determinadas reglas misteriosas.

El Mal, como la parte maldita, se regenera con su propio gasto. Es algo económicamente inmoral, de la misma manera que puede ser metafísicamente inmoral la inseparabilidad del Bien y del Mal. Es una violencia infligida a la razón, pero hay que reconocer la vitalidad de esta violencia, de esta inflación imprevisible que lleva las cosas más allá de sus fines, en una hiperdependencia a otras condiciones finales. ¿Cuáles?

Cualquier liberación afecta tanto al Bien como al Mal. Libera las costumbres y los espíritus, pero libera también los crímenes y las catástrofes. La liberación del derecho y del placer provoca ineluctablemente la del crimen (es algo que Sade había entendido muy bien y que jamás se le ha perdonado).

En la URSS, la perestroika va acompañada, al mismo tiempo que de reivindicaciones étnicas y políticas, de un recrudecimiento de los accidentes y las catástrofes naturales (incluido el redescubrimiento de los crímenes y los accidentes anteriores). Una especie de terrorismo espontáneo emerge de la liberalización y la extensión de los derechos del hombre. Todo eso, se dice, ya existía anteriormente; sólo estaba censurado. (Una de las quejas más profundas contra el sistema estalinista es la de habernos desprovisto de tantos acontecimientos sangrientos, censurados y por tanto inutilizables, a no ser como inconsciente político para las generaciones futuras; es la de haber helado y congelado las formas apetitosas, sangrientas, de su perpetración; es la de haber, al igual que los nazis en el caso del holocausto, que también fue un crimen casi perfecto, *contravenido la ley universal de la información*.)

Pero hay algo más que el levantamiento de la censura: los crímenes, la delincuencia, las catástrofes se precipitan verdaderamente hacia la pantalla de la glasnost como las moscas hacia la luz artificial (¿por qué no se precipitan jamás hacia una luz natural?). Esta plusvalía catastrófica procede de un entusiasmo, de una jovialidad real de la naturaleza, así como de una propensión espontánea de la técnica a hacer de las suyas tan pronto como le resultan favorables las condiciones políticas. Largo tiempo congelados, los crímenes y las catástrofes han hecho su alegre y oficial entrada en escena. Habría que inventarlos si no existieran, pues al fin y al cabo son los auténticos signos de la libertad y de un desorden natural del mundo.

Esta totalidad del Bien y del Mal nos supera, pero debemos aceptarla por completo. No existe ninguna comprensión de las cosas al margen de esta regla fundamental. La ilusión de diferenciar las dos para promover sólo una es absurda (esto condena también a los defensores del mal por el mal, pues también ellos acabarán por hacer el bien).

Todo tipo de acontecimientos están ahí, imprevisibles. Ya se han producido o están a punto de llegarnos. Todo lo que podemos hacer es dirigir en cierto modo un proyector, mantener la abertura telescópica sobre este mundo virtual, confiando en que algunos de sus acontecimientos tendrán la amabilidad de dejarse tomar. La teoría sólo puede ser eso: una trampa tendida en la esperanza de que la realidad será lo bastante ingenua como para dejarse atrapar.

Lo esencial es colocar el proyector en la dirección correcta. Pero no sabemos cuál es esa dirección. Hay que escudriñar el cielo. Las más de las veces se trata de acontecimientos tan lejanos, metafísicamente lejanos, que sólo provocan una ligera fosforescencia en las pantallas. Hay que desarrollarlos y ampliarlos como una fotografía. No para descubrirles un sentido, pues no son logogramas, sino hologramas. Se explican poco, como el espectro fijo de una estrella o las variaciones del rojo.

Para captar estos acontecimientos extraños, hay que convertir la propia teoría en algo extraño. Hay que hacer de la teoría un crimen perfecto o un atractor extraño.

La alteridad radical

La medusa significa una alteridad tan radical que no es posible mirarla sin morir.

EL INFIERNO DE LO MISMO

De todas las prótesis que jalonan la historia del cuerpo, el doble es sin duda la más antigua. Pero el doble no es exactamente una prótesis: es una figura imaginaria que, como el alma, la sombra o la imagen en el espejo obsesiona al sujeto como su otro, hace que sea a la vez él mismo sin reconocerse jamás, obsesionándole como una muerte sutil y siempre conjurada. No siempre, sin embargo; cuando el doble se materializa, cuando se vuelve visible, significa una muerte inminente.

Ello equivale a decir que el poder y la riqueza imaginarias del doble, aquellas en las que se juega la extrañeza y al mismo tiempo la intimidad del sujeto consigo mismo, se basan en su inmaterialidad, en el hecho de que es y sigue siendo una fantasía. Cada cual puede soñar y ha debido soñar toda su vida en una duplicación o una mutiplicación perfecta de su ser, pero esto sólo tiene fuerza de sueño y se destruye al querer forzar el sueño en lo real. Ocurre lo mismo con la escena (primitiva) de la seducción: sólo opera al ser fantaseada, rememorada, al no ser jamás real. Correspondía a nuestra época querer exorcizar esta fantasía como las demás, es decir, materializarla en carne y hueso y, por un contrasentido real, cambiar el juego del doble en un intercambio sutil de la muerte con el Otro en la eternidad del Mismo.

Los clones. La clonación. El desqueje humano al infinito, cada célula de un organismo individualizado puede convertirse en la matriz de un individuo idéntico. En los Estados Unidos, ha nacido un niño como un geranio, a partir de una sola célula de un solo individuo, su «padre», progenitor único de quien sería la réplica exacta, el gemelo perfecto.

Sueño de una gemelidad eterna sustituyendo la procreación sexuada que, por su parte, va unida a la muerte. Sueño celular de escisiparidad, la forma más pura del parentesco, ya que permite finalmente prescindir del otro y pasar del mismo al mismo. Utopía monocelular que, por el camino de la genética, permite que los seres complejos accedan al destino de los protozoos.

¿No es una pulsión de muerte lo que empujaría a los seres sexuados hacia una forma de reproducción anterior a la sexuación (¿no es, además, esta forma escisípara, esta reproducción y proliferación por pura contigüidad lo que *es* para nosotros, en lo más profundo de nuestro imaginario, la muerte y la pulsión de muerte?), y les empujaría al mismo tiempo, metafísicamente, a negar cualquier alteridad, cualquier alteración de lo Mismo para tender únicamente a la perpetuación de una identidad, una transparencia de la inscripción genética ya no abocada a las peripecias del engendramiento?

Dejemos la pulsión de muerte. ¿Se trata de la fantasía de engendrarse a sí mismo? No, pues ésta siempre pasa por las figuras de la madre y el padre, figuras parentales *sexuadas* que el sujeto puede pensar en borrar sustituyéndolas, pero sin negar del todo la estructura simbólica de la procreación: llegar a ser su propio hijo sigue siendo ser el hijo de alguien, mientras

124

que la clonación anula radicalmente a la madre, pero también al padre, el encabalgamiento de sus genes, la intricación de sus diferencias y, sobre todo, el acto *dual* del engendramiento. El clonador no se engendra: brota a partir de cada uno de sus segmentos. Podemos especular sobre la riqueza de unas ramificaciones vegetales que resuelven, en efecto, cualquier sexualidad edípica en favor de un sexo «no humano», de un sexo por contigüidad y demultiplicación inmediata −el caso es que ya no es la fantasía de engendrarse a sí mismo−. El padre y la madre han desaparecido, no en favor de una libertad aleatoria del sujeto sino en favor de una *matriz denominada código*. Nada de padre ni de madre: una matriz. Y es ella, la del código genético, la que «pare» ahora al infinito sobre un modo operacional, expurgado de cualquier sexualidad aleatoria.

Nada de sujeto tampoco, ya que la reduplicación de la identidad termina con su división. La fase del espejo es abolida en la clonación, o más bien allí se ve como parodiada de una manera monstruosa. La clonación tampoco retiene nada, por la misma razón, del sueño inmemorial y narcisista de proyección del sujeto en su alter ego ideal, pues esta proyección sigue pasando por una imagen: aquella, en el espejo, en que el sujeto se aliena para reencontrarse, o aquella, seductora y mortal, en la que el sujeto se ve para morir en ella. Nada de ello hay en la clonación. Se acabó el médium, se acabó la imagen −de la misma manera que tampoco un objeto industrial es el espejo de aquel que, idéntico, le sucede en la serie−. Uno jamás es el espejo, ideal o mortal, del otro; uno y otro sólo pueden sumarse. Y si sólo pueden sumarse, es que no han sido engendrados sexualmente y no conocen la muerte.

Tampoco se trata de gemelidad, pues en los gemelos o en los mellizos existe una propiedad específica y una fascinación especial y sagrada del Dos, de lo que es dos de entrada y jamás ha sido Uno. Mientras que la clonación consagra la reiteración de lo mismo: 1 + 1 + 1 + 1, etc.

Ni hijo, ni gemelo, ni reflejo narcisista, el clon es la materialización del doble por vía genética, es decir, la abolición de cualquier alteridad y de cualquier imaginario.

Un segmento no necesita ninguna mediación imaginaria para reproducirse, como tampoco la necesita una lombriz: cada segmento de la lombriz se reproduce directamente como lombriz entera, de la misma manera que cada célula de un ejecutivo americano puede dar un nuevo ejecutivo. Igualmente cada fragmento de un holograma puede volverse matriz del holograma completo; la información permanece entera, tal vez con una menor definición, en cada uno de los fragmentos dispersos del holograma.

Así es como se acaba con la totalidad. Si toda la información se reencuentra en cada una de sus partes, el conjunto pierde su sentido. También es el final del cuerpo, de esa singularidad denominada cuerpo cuyo secreto consiste precisamente en que no puede ser segmentado en células adicionales, en que es una configuración invisible, cosa que demuestra su sexuación. Paradoja: la clonación fabricará a perpetuidad unos seres sexuados en tanto que semejantes a su modelo, mientras que precisamente por ello el sexo se vuelve una función inútil —pero el sexo no es una función, sino lo que hace que un cuerpo sea un cuerpo, lo que supera todas las funciones diversas del cuerpo—. El sexo (o la muerte) es lo que supera toda la información que puede reunirse sobre un cuerpo. Ahora bien, tal información está reunida en la fórmula genética. Así que ésta debe abrirse una vía de reproducción autónoma, independiente de la sexualidad y de la muerte.

Ya la ciencia bio-fisio-anatómica, mediante su disección en órganos y en funciones, inicia el proceso de descomposición analítica del cuerpo, y la genética micromolecular no es más que su consecuencia lógica, pero a un nivel de abstracción y simulación muy superior, el nuclear, de la célula de mando, el cual procede directamente del código genético, alrededor del cual se organiza toda esta fantasmagoría.

En la visión funcional y mecanicista, cada órgano sigue siendo únicamente una prótesis parcial y diferenciada: simulación entonces, pero «tradicional». En la visión cibernética e informática es el elemento indiferenciado más pequeño, es cada célula de un cuerpo que se convierte en una prótesis «embrionaria» de este cuerpo. Es la fórmula genética inscrita en cada célula que se convierte en la verdadera prótesis moderna de todos los cuerpos. Si la prótesis es habitualmente un artefacto que suple un órgano desfalleciente, o la prolongación instrumental de un cuerpo, entonces la molécula ADN, que encierra toda la información relativa a un cuerpo, es la prótesis por excelencia, la que permitirá *prolongar indefinidamente este cuerpo por sí mismo*, siendo él mismo únicamente la serie indefinida de sus prótesis.

Prótesis cibernética infinitamente más sutil y más artificial que cualquier prótesis mecánica, pues el código genético no es «natural». Así como cualquier parte abstraída y autonomizada de un todo se vuelve prótesis artificial que altera ese todo sustituyéndolo (pro-tesis: éste es el sentido etimológico), el código genético, donde la totalidad de un ser pretende condensarse porque toda la «información» de ese ser estaría encerrada en él (ahí reside la increíble violencia de la simulación genética), puede considerarse un artefacto, una matriz abstracta de la que podrán proceder, ya ni siquiera por reproducción sino por mera y simple *reconducción*, unos seres idénticos asignados a los mismos mandamientos.

«Mi patrimonio genético ha sido fijado de una vez por todas cuando un determinado espermatozoo ha encontrado un determinado óvulo. Este patrimonio supone la fórmula de todos los procesos bioquímicos que me han realizado y que garantizan mi funcionamiento. Una copia de esta fórmula ha sido anotada en cada una de las decenas de miles de millones de células que hoy me constituyen. Cada una de ellas sabe cómo fabricarme; antes de ser una célula de mi hígado o de mi sangre, es una célula de mí. Así pues, es teóricamente posible fabricar un individuo idéntico a mí a partir de una de ellas.»

A. JACQUARD

Así, la clonación es la última fase de la historia de la modelización del cuerpo, aquella en que, reducido a su fórmula abstracta y genética, el individuo es entregado a la demultiplicación serial. Habría que repetir aquí lo que Walter Benjamin decía de la obra de arte en la era de su reproducibilidad técnica. Lo que se ha perdido en la obra serialmente reproducida es su *aura*, esa cualidad singular del aquí y del ahora, su forma estética, y adopta, según Benjamin, en su destino ineluctable de reproducción, una forma *política*. Lo que se ha perdido es el original, que sólo una historia también nostálgica y retrospectiva puede reconstruir como «auténtica». La forma más avanzada y más moderna de ese desarrollo, y que él describía en el cine, la foto y los *mass media* contemporáneos, es aquella en la que el original ni siquiera ha existido nunca, ya que las cosas son de entrada concebidas en función de su reproducción ilimitada.

Es lo que nos sucede, ya no sólo en cuanto a los mensajes sino en cuanto a los individuos, con la clonación. En realidad, es lo que le ocurre al cuerpo cuando ya sólo es concebido como mensaje, como sustancia informática. Nada se opone entonces a su reproducibilidad serial en los mismos términos que utiliza Benjamin para los objetos industriales y las imágenes de los *mass media*. Hay precesión de la reproducción sobre la producción, precesión del modelo genético sobre todos los cuerpos posibles. La irrupción de la tecnología dirige esta inversión, una tecnología que ya Benjamin describía en sus últimas consecuencias como médium total, pero todavía en la era industrial —gigantesca prótesis que dirigía la generación de *objetos* y de *imágenes* idénticos, que ya nada podía diferenciar entre sí—, y sin concebir aún la profundización contemporánea de esta tecnología que permite la generación de *seres* idénticos que jamás pueden remitirse a un ser original. Las prótesis de la edad industrial siguen siendo externas, *exotécnicas*; las que nosotros conocemos se han ramificado e interiorizado: *esotécnicas*. Estamos en la era de las tecnologías blandas, el *software* genético y mental.

Mientras las prótesis de la antigua edad de oro industrial eran mecánicas, seguían remitiendo al cuerpo para modificar su imagen —ellas mismas, reversiblemente, estaban metabolizadas en lo imaginario, y este metabolismo tecnológico formaba también parte de la imagen del cuerpo—. Pero cuando se alcanza un punto de no-retorno (*dead-line*) en la simulación, es decir, cuando la prótesis se profundiza, se interioriza, se infiltra en el corazón anónimo y micromolecular del cuerpo, cuando se impone al mismo cuerpo como modelo «original», abrasando todos los circuitos simbólicos posteriores y siendo de cualquier cuerpo posible sólo su repetición inmutable, entonces es el final del cuerpo, de su historia y sus peripecias. El individuo sólo es una metástasis cancerosa de su fórmula de base. ¿Todos los individuos salidos por clonación del individuo X son algo más que una metástasis cancerosa —proliferación de una misma célula tal como puede verse en el cáncer—? Existe una estrecha relación entre la idea directriz del código genético y la patología del cáncer. El cáncer designa la proliferación al infinito de una célula de base sin consideración a las leyes orgánicas del conjunto. De igual manera, en la clonación ya nada se opone a la reconducción de lo Mismo, a la proliferación desenfrenada de una única matriz. Antes todavía se le oponía la reproducción sexuada; ahora es posible finalmente aislar la matriz genética de la identidad, y así se podrán eliminar todas las peripecias diferenciales que constituían el encanto aleatorio de los individuos.

Si todas las células son concebidas inicialmente como receptáculo de una misma fórmula genética, ¿qué son sino —no únicamente todos los individuos idénticos, sino todas las células de un mismo individuo— la extensión cancerosa de esta fórmula básica? La metástasis iniciada con los objetos industriales acaba en la organización celular. Inútil preguntarse si el cáncer es una enfermedad de la era capitalista. Es, en efecto, la enfermedad que encabeza toda la patología contemporánea, porque es la forma misma de la virulencia del código: redundancia exacerbada de las mismas señales, redundancia exacerbada de las mismas células.

La escena del cuerpo cambia al hilo de una «progresión» tecnológica irreversible. El esquema de conjunto es lo que se ha metamorfoseado. La prótesis tradicional, que sirve para la reparación de un órgano desfalleciente, no cambia nada en el modelo general del cuerpo. Los injertos de órganos también son del mismo tipo. Pero ¿qué decir de la modelización mental mediante los psicotropos y las drogas? La *escena del cuerpo* se ha cambiado. El cuerpo psicotrópico es un cuerpo modelizado «desde dentro», sin pasar ya por el espacio perspectivo de la representación, del espejo y del discurso. Cuerpo silencioso, mental, ya molecular (y ya no especular); cuerpo metabolizado directamente, sin la mediación del acto o de la mirada; cuerpo inmanente, sin alteridad, sin puesta en escena, sin trascendencia; cuerpo entregado a los metabolismos implosivos de los flujos cerebrales, endocrinos; cuerpo sensorial, pero no sensible, ya que sólo está conectado a sus terminales internas y no a unos objetos de percepción (por esta razón es posible encerrarlo en una sensorialidad «blanca», nula, basta con desconectarlo de sus *propias* extremidades sensoriales, sin tocar el mundo que lo rodea); cuerpo ya homogéneo, en una fase de plasticidad táctil, de maleabilidad mental, de psicotropismos en todas direcciones, próximo ya a la manipulación nuclear y genética, es decir, a la pérdida absoluta de la imagen; cuerpos sin representación posible, ni para los demás, ni para sí mismos; cuerpos enucleados de su ser y de su sentido por transfiguración en una fórmula genética o por dependencia bioquímica: cuerpos definitivamente alejados de su resurrección.

Nosotros ya no practicamos el incesto, pero lo hemos generalizado en todas sus derivaciones. La diferencia consiste en que nuestro incesto ya no es sexual ni familiar, sería más bien escisíparo y protozoario. Así es como hemos burlado la prohibición: con la subdivisión de lo Mismo, con la copulación de lo Mismo con lo Mismo, sin pasar por el Otro. Sigue siendo el incesto, pero sin la tragedia del incesto. Sin embargo, al materializar esta fantasía peligrosa bajo su forma más vulgar, hemos materializado también la maldición, la repulsión original, la repugnancia, que aumenta en nuestras sociedades a la medida de esta situación incestuosa. Tal vez era todavía mejor el infierno de los demás que volver a esta forma original del intercambio imposible.

Si el individuo ya no se confronta con el otro, se enfrenta consigo mismo. Se vuelve su propio anticuerpo mediante una inversión ofensiva del proceso inmunitario, un desarreglo de su propio código, una destrucción de sus propias defensas. Ahora bien, toda nuestra sociedad tiende a neutralizar la alteridad, a destruir al otro como referencia natural —en la efusión aséptica de la comunicación, en la efusión interactiva, en la ilusión del intercambio y el contacto. A fuerza de comunicación, esta sociedad se vuelve alérgica a sí misma. A fuerza de transparencia de su ser genético, biológico y cibernético, el cuerpo llega a volverse alérgico a su sombra. Todo el espectro de la alteridad negada resucita como proceso autodestructor. Eso también es la transparencia del Mal.

Se ha terminado la alienación: ha terminado el Otro como mirada, el Otro como espejo, el Otro como opacidad. Ahora la transparencia de los otros se ha convertido en la amenaza absoluta. Ya no existe el Otro como espejo, como superficie reflectora; la conciencia de sí es amenazada de irradiación en el vacío.

Ha terminado también la utopía de la desalienación. El sujeto no ha llegado a negarse como tal, en la perspectiva de una totalización del mundo. Ya no existe una negación determinada del sujeto, sólo existe una indeterminación de la posición del sujeto y de la posición del otro. En la indeterminación, el sujeto ya no es ni el uno ni el otro, sólo es el Mismo. La división se borra ante la demultiplicación. Ahora bien, si el otro siempre puede ocultar a otro, el Mismo jamás oculta a otro que no sea él mismo. Tal es nuestro ideal-clon actual: el sujeto expurgado del otro, expurgado de su división y entregado a la metástasis de sí mismo, a la pura repetición.

Ya no es el infierno de los otros, es el infierno de lo Mismo.

«Dos hermanos vivían en un castillo. Cada uno de ellos tenía una hija y las dos criaturas tenían la misma edad. Las internan en un colegio, dejándolas allí hasta los dieciocho años. Son muy hermosas. Las hacen volver al castillo. En el carruaje que las lleva, una de las dos primas se siente repentinamente mal y muere. En el mismo momento, en el castillo donde la espera, el padre muere también. Sólo una de las dos muchachas llega viva, y su padre la desnuda y la penetra contra natura. Inmediatamente, los dos se elevan y levitan por la habitación, salen por una ventana volando y sobrevuelan el campo, petrificados en un abrazo incestuoso que no tiene fin. El paso del anormal acoplamiento que vuela sin alas es sentido en profundidad por todo lo que vive en las apacibles campiñas, en largas vibraciones negativas. Por todas partes se esparce un desequilibrio, un trastorno pánico, un terror indefinible que degenera, provocando actos contrarios a la razón entre los humanos, enfermedades y violencias en los animales, angustia en las plantas, todas las relaciones han sido trastornadas.»

GUIDO CERONETTI

EL MELODRAMA DE LA DIFERENCIA

Pero ¿dónde ha ido a parar la alteridad?

Estamos en una orgía de descubrimiento, de exploración, de «invención» del Otro. Una orgía de diferencias. Proxenetismo bilateral, interfacial, interactivo. Una vez pasada al otro lado del espejo de la alienación (fase del espejo que hizo las delicias de nuestra infancia), la diferencia estructural prolifera al infinito, en la moda, en las costumbres, en la cultura. Ha terminado la alteridad bruta, la alteridad dura, la de la raza, la locura, la miseria, la muerte. La alteridad, como todo lo demás, ha caído bajo la ley del mercado, de la oferta y la demanda. Se ha convertido en un producto escaso. De ahí su extraordinaria cotización en la Bolsa de los valores psicológicos, en la Bolsa de los valores estructurales. De ahí una simulación intensiva del Otro, deslumbrante en la ciencia ficción, cuyo problema clave sigue siendo: ¿quién es el Otro?, ¿dónde está el Otro? Pero la ciencia ficción está hecha a imagen y semejanza de nuestro universo cotidiano, donde reina una especulación desenfrenada y casi un mercado negro de la alteridad y la diferencia. Auténtica obsesión ecológica que va de las reservas indias a los animales domésticos (¡el grado cero de la alteridad!), sin contar al Otro de la otra escena, la del inconsciente (último capital simbólico, cuidémoslo bien, no nos va a durar mucho, ¡el yacimiento no es eterno!). Los yacimientos de la alteridad se agotan; hemos agotado al Otro como materia prima (hasta acosarlo bajo los escombros, en opinión de Claude Gilbert, en el lado de los seísmos y la catástrofe).

De repente, el Otro ya no está hecho para ser exterminado, odiado, rechazado, seducido, está hecho para ser entendido, liberado, mimado, reconocido. Después de los Derechos del Hombre, habría que instituir los Derechos del Otro. Ya existen, por otra parte: es el Derecho universal a la Diferencia. Orgía de comprensión política y psicológica del Otro, resurrección del Otro allí donde ya no existe. Allí donde estaba el Otro, ha aparecido el Mismo.

Y allí donde ya no hay nada, debe aparecer el Otro. Ya no estamos en el drama, sino en el psicodrama de la alteridad, de la misma manera que estamos en el de la socialidad, de la sexualidad, en el psicodrama del cuerpo y en el melodrama de todo eso a través de los metadiscursos analíticos. La alteridad se ha vuelto psicodramática, sociodramática, semiodramática, melodramática.

En el psicodrama del contacto, de los tests, de la interfaz, no hacemos más que simular acrobáticamente y dramatizar la ausencia del Otro. En todas partes de esta dramaturgia artificial ha desaparecido la alteridad, pero también el sujeto se ha vuelto poco a poco indiferente a su propia subjetividad, a su propia alienación, de la misma manera que el animal político moderno se vuelve indiferente a su propia opinión. Se vuelve transparente, espectral (Marc Guillaume), y a partir de ahí interactivo. En la interacción, el sujeto no es el otro de nadie. En la medida en que es indiferente a sí mismo, es como si le hubieran hipostasiado vivo sin su doble, sin su sombra, sin su otro. A este precio, se vuelve disponible para todas las combinaciones posibles, para todas las conexiones.

135

Así, el ser interactivo no ha nacido de una forma nueva del intercambio, sino de una desaparición de lo social y de la alteridad. Es el otro de después de la muerte del Otro, y que ya no es en absoluto el mismo. Es el otro que resulta de la denegación del Otro.

En realidad, la interacción siempre es la del médium, o de la máquina vuelta invisible. Los autómatas mecánicos siguen jugando con la diferencia entre el hombre y la máquina y con el encanto de esta diferencia. Nuestros autómatas interactivos, nuestros autómatas de simulación, ya no interrogan esta diferencia. El hombre y la máquina se han vuelto isomorfos e indiferentes, ya nada es el otro del otro.

El *computer* no tiene otro. Por este motivo no es inteligente, pues la inteligencia siempre nos viene del otro. Por este motivo es tan *performant*. Los campeones de cálculo mental, los calculadores idiotas son unos autistas, unas mentes para las cuales ya no existe el otro, y por esa misma razón están dotados de extraños poderes. Es la fuerza misma de los circuitos integrados (ver también por el lado de la transmisión de pensamiento). Es el poder de la abstracción. Las máquinas van más deprisa porque están desconectadas de cualquier alteridad. Y las redes las juntan como un inmenso cordón umbilical entre una inteligencia y otra inteligencia gemela. Pero en esta homeostasis de lo mismo con lo mismo, la alteridad ha sido confiscada por la máquina.

¿Sigue existiendo una alteridad cuando se le expurga de toda esta superestructura psicodramática?

¿Existe una física del Otro, y no únicamente una metafísica? ¿Existe una forma dual, y no únicamente dialéctica, de la alteridad? ¿Sigue existiendo una forma del Otro como destino, y no como pareja psicológica o social de favor?

Todo se habla hoy en términos de diferencia. Pero la alteridad no es la diferencia. Cabe pensar incluso que la diferencia es lo que mata la alteridad. Cuando se ventila el lenguaje en un sistema de diferencias, cuando se reduce el sentido a ser únicamente un efecto diferencial, se mata la alteridad radical del lenguaje, se pone término al duelo que está en el corazón del lenguaje, entre él y el sentido, entre él y el que lo habla, se elimina lo que tiene de irreductible a la mediación, a la articulación, al sentido, y que hace justamente que, en su radicalidad, el lenguaje sea *otro* aparte del sujeto (¿el Otro del sujeto?). A ello se debe que pueda existir un juego del lenguaje, una seducción de su materialidad, de sus accidentes, una baza simbólica de vida o de muerte, y no únicamente un pequeño juego de diferencias, que constituye el objeto del análisis estructural.

Pero en tal caso ¿qué sentido tiene decir que la mujer es el otro del hombre, que el loco es el otro del normal, el salvaje el otro del civilizado? ¿Jamás dejaremos de preguntarnos quién es el otro de quién? ¿El Amo es el otro del esclavo? Sí, en términos de clases y de relaciones de fuerza. Pero esta oposición es reductora. En la realidad no ocurre así. La implicación de los seres y las cosas no es la de la diferencia estructural. El orden simbólico supone formas duales y complejas que ya no dependen de la distinción del yo y del otro. El paria no es el otro del brahmán −*su destino es otro*−. No están diferenciados en el interior de una misma escala de valores; son solidarios en un orden inmutable, en un ciclo reversible como el del día y la noche. ¿La noche es el otro del día? ¿Qué nos lleva a decir entonces que lo masculino sería el otro de lo femenino? Sólo son, sin duda, al igual que el día y la noche, momentos reversibles que se suceden e intercambian en una seducción incesante. Así, un sexo no es jamás el otro del otro sexo, salvo justamente en una teoría

137

diferencialista de la sexualidad que, en el fondo, no es más que una utopía. *Pues la diferencia es una utopía*, en su sueño de dividir los términos y su sueño posterior de reunificarlos (ocurre lo mismo con la distinción entre el Bien y el Mal: es un sueño dividirlos y una utopía aún más fantástica querer reconciliarlos). Sólo en esta perspectiva de distinción, que es la de nuestra cultura, podemos hablar del Otro en materia de sexo. La verdadera sexualidad es «exótica» (en el sentido de Segalen): reside en la incomparabilidad radical de los dos sexos —si no jamás habría seducción, sino sólo alienación del uno por el otro.

Las diferencias son el intercambio regulado. Pero ¿qué es lo que desarregla el intercambio? ¿Qué es lo que no se negocia? ¿Qué es lo que no entra en el contrato, en el juego estructural de las diferencias?

¿Qué es lo que depende del intercambio imposible?

En todas partes donde el intercambio es imposible, aparece el terror. Así pues, cualquier alteridad radical es el epicentro de un terror: el que ejerce sobre el mundo normal con su misma existencia y el que este mundo ejerce sobre él, aniquilándolo.

Al hilo de los últimos siglos, todas las formas de alteridad violenta han sido inscritas, por las buenas o por las malas, en el discurso de la diferencia, que supone simultáneamente la inclusión y la exclusión, el reconocimiento y la discriminación. La infancia, la locura, la muerte, las sociedades salvajes, todo ha sido integrado, asumido, reabsorbido en el concierto universal. La locura, una vez roto su estatuto de exclusión, se ha visto atrapada en redes psicológicas mucho más sutiles. Los muertos, una vez reconocidos en su identidad de muertos, se han visto aparcados en los cementerios y mantenidos a distancia, hasta la desaparición total del rostro de la muerte. A los indios sólo se les ha reconocido el derecho a la existencia para ser aparcados en las reservas. Así son las peripecias de una lógica de la diferencia.

El racismo no existe mientras el otro es Otro, mientras el extranjero sigue siendo Extranjero. Comienza a existir cuando el otro se vuelve diferente, o sea, peligrosamente próximo. Ahí es donde se despierta la veleidad de mantenerlo a distancia.

«Cabe creer —dice Segalen— que las diferencias fundamentales jamás llegarán a constituir un tejido real sin costuras ni remiendos; y que la fusión creciente, la caída de las barreras, las grandes reducciones de espacio deben compensarse a su vez en alguna parte por medio de tabiques nuevos, de lagunas imprevistas.»

El racismo es uno de estos «tabiques nuevos». Abreacción al psicodrama de la diferencia, fantasía y obsesión de volverse otro. Psicodrama de la introyección y la eyección perpetua del otro. Exorcizar al otro materializando las diferencias a cualquier precio, hasta tal punto es cierto que esta introyección de las diferencias resulta insoportable... El racismo carece de fundamento en su pretensión biológica, pero, al objetivar la referencia racial, revela la tentación lógica que está en el centro de todo sistema estructural: la fetichización de la diferencia. Ahora bien, no hay equilibrio de los sistemas diferenciales —la diferencia oscila del grado absoluto al grado cero—. La gestión bien temperada de las alteridades y las diferencias es una utopía.

Siendo de algún modo la lógica de la diferencia una simulación universal (que culmina en el absurdo «derecho a la diferencia»), esta simulación a la chita callando desemboca en otra forma de alucinación desesperada de la diferencia: el racismo. Mientras proliferan las diferencias y el culto de las diferencias, aumenta con mayor velocidad todavía otra violencia insólita, anómala, inaccesible a la razón crítica: «las lagunas imprevistas» de que habla Segalen. Ya no se trata de nuevas diferencias; lo que surge para conjurar la homogeneización total del mundo es Alien, metáfora monstruosa del Otro cadavérico y viral, compilación de todas las alteridades abatidas por nuestro sistema.

Ese racismo que, a falta de referente biológico, se alimenta de las más pequeñas diferencias en el orden de los signos, cuya acción se vuelve viral y automática y que se perpetúa en las delicias de una semiótica generalizada, es un racismo que ningún humanismo de la diferencia puede combatir, ya que es el virus mismo de la diferencia.

No es con sermones sobre la interiorización del otro y la introyección de las diferencias como se resolverá el problema de las formas monstruosas de la alteridad, pues estas formas han nacido precisamente de esta diferenciación obsesiva, de esta diálectica obsesiva del yo y del otro. Ahí está toda la debilidad de los pensamientos «dialécticos» de la alteridad, que pretenden confiar en una buena utilización de la diferencia. Lo que demuestra el racismo en su forma viral, inmanente, actual y definitiva, es que no existe una buena utilización de la diferencia.

Por ello podemos afirmar asimismo que la *crítica del racismo ha terminado en sustancia*, de la misma manera que Marx decía que la crítica de la religión había terminado en sustancia. A partir del momento en que ha quedado demostrada la vanidad de la hipótesis metafísica de la religión, se ha visto condenada a desaparecer en las condiciones de un modo de producción más avanzado. A partir del momento en que ha quedado demostrada la vanidad de la hipótesis biológica de las razas, el racismo se ha visto condenado a desaparecer en unas condiciones más avanzadas de la mezcla universal de las diferencias. A menos que, como en el caso de la religión, suceda algo que Marx no previó: dejando de ser una forma metafísica y trascendente se vuelve inmanente y se fragmenta en innumerables variantes ideológicas y prácticas, de acuerdo con un *revival* religioso que se alimenta de los mismos progresos del orden que en teoría debía borrar hasta su recuerdo. Es lo que hoy verificamos por doquier. Ocurre lo mismo con el racismo; él también se vuelve inmanente, viral y cotidiano. La crítica «científica» y racional que se le hace es una crítica formal, que invierte el argumento biológico sin escapar de la trampa, puesto que sólo se vincula a la ilusión biológica y no a la propia biología como ilusión. De la misma manera, la crítica política e ideológica del racismo también es una crítica formal, ya que sólo se enfrenta a la obsesión racista de la diferencia sin enfrentarse a la diferencia como ilusión. Así que ella misma se vuelve una ilusión crítica, que no se refiere a nada, y finalmente el racismo sobrevive tan alegremente a su crítica racional como la religión a su crítica materialista. Debido a ello todas estas críticas han terminado en sustancia.

No existe una buena utilización de la diferencia. Es algo que revela no sólo el racismo, sino todos los esfuerzos antirracistas y humanitarios de promoción y protección de la diferencia. En todas partes, el ecumenismo humanitario, el ecumenismo de la diferencia, se encuentra en un absoluto atolladero, el mismo del concepto de universal. La más reciente ilustración en Francia es el episodio del velo de las jóvenes magrebíes, donde se ha revelado la hipocresía de todas las argumentaciones racionales, conjurando el hecho sencillísimo de que no existe solución en ninguna teoría moral o política de la diferencia, pues la propia diferencia es una ilusión reversible. La hemos transportado a los cuatro rin-

141

cones del mundo; regresa irreconocible, islámica, integrista, racista; regresa como alteridad irracional e irreductible, y está bien que sea así.

Nuestra mala conciencia a este respecto es fantástica. La prueba un episodio de Médicos Sin Fronteras en el que se descubrió que los afganos prefieren revender clandestinamente los medicamentos que se les distribuyen, en lugar de utilizarlos. Los responsables hicieron un examen de conciencia desgarrador. ¿Deben dejar de distribuirlos o bien tolerar, en nombre de la «diferencia de las culturas», esta reacción inmoral y extraña? Después de mucho pensar, se decidió sacrificar los valores occidentales en el altar de la diferencia y se prefirió seguir alimentando el mercado negro de los medicamentos. Humanismo obliga.

Otra sabrosa ilustración de la confusión humanitaria: X es enviado en misión al Sudán para estudiar las «necesidades de comunicación de los pueblos sudaneses». ¿Los sudaneses no saben comunicar? El hecho es que tienen hambre y les convendría aprender a cultivar el sorgo. Enviarles expertos agrónomos sale demasiado caro, se les enseñará todo eso por videocasetes. Así que hace falta que entren en la era de la comunicación: el sorgo pasa por el audio y el vídeo. Si no están conectados, no se come. Así se hizo, y se llenaron las ciudades y los pueblos de magnetoscopios. Desgraciadamente, una mafia local se apodera de la red y sustituye las cintas pedagógicas por un fructífero mercado de cintas porno que encantan a la población mucho más que el cultivo del sorgo. Porno sorgo vídeo, el mismo combate. Una fábula más a anotar en el libro rosa y negro de la comunicación.

Esta es la absurda situación de nuestra «comprensión» altruista, que sólo es comparable al profundo desprecio que disimula: «Respetamos vuestra diferencia —o lo que es lo mismo—: Vosotros sois subdesarrollados, es todo lo que os queda, no os deshagáis de ella» (los signos del folklore y la miseria son buenos operadores de diferencia). Nada más despreciativo, nada más despreciable. Es la forma de incompresión más radical. Sólo que no depende de la «incomprensibilidad eterna», según Segalen, sino de la eterna estupidez, la que persiste pretenciosamente en su ser y se alimenta de la diferencia de los demás.

Las restantes culturas no han pretendido la universalidad, ni la diferencia (por lo menos mientras no se les inoculó, en una especie de guerra de opio cultural). Viven de su singularidad, de su excepción, de la irreductibilidad de sus ritos, de sus valores. No se engañan con la ilusión mortal de reconciliarlo todo, con la ilusión que les aniquilaría.

El amo de los símbolos universales de la alteridad y la diferencia es el amo del mundo. El que piensa la diferencia es antropológicamente superior (sin duda, ya que él es quien inventa la antropología). Tiene todos los derechos, ya que él es quien los inventa. El que no piensa la diferencia, el que no juega el juego de la diferencia, debe ser exterminado. Así ocurrió con los indios de América cuando desembarcaron los españoles. No entienden nada de la diferencia, están en la alteridad radical (los españoles no son diferentes, son dioses, punto y aparte). Es la razón de la saña mostrada por los españoles en destruirles, que no se justificaba religiosa ni económicamente, de ninguna manera, salvo por ese crimen absoluto: la incomprensión de la diferencia. Obligados a entrar en una alteridad ya no radical, sino negociable, a la sombra del concepto universal, prefieren inmolarse colectivamente. De ahí el empeño por dejarse morir, complementario de la locura exterminadora de los españoles. La extraña complicidad de los indios en su propio exterminio es la única manera de mantener el secreto de la alteridad.

Cortés, los jesuitas, los misioneros, más adelante los antropólogos (y el propio Todorov en la *Conquista de América*) están del lado de la alteridad negociable (a excepción de Las Casas, que proponía, al fin de su vida, abandonar pura y simplemente la conquista y devolver los indios a su destino). Todos creen, como espíritus iluminados, en la buena utilización de la diferencia. El Otro radical es insoportable, no se le puede exterminar, pero tampoco se le puede aceptar: así que hay que promover el otro negociable, el otro de la diferencia. Aquí comienza una forma de exterminio más sutil en la que intervienen todas las virtudes humanistas de la modernidad.

Otra versión del exterminio: los indios deben ser exterminados no porque no sean cristianos sino porque son más cristianos que los cristianos. Si su crueldad y sus sacrificios humanos son insoportables, no es con respecto a la piedad y a la moral, sino porque esta crueldad demuestra la exigencia de sus dioses y la fuerza de su creencia. Esta fuerza avergüenza a los españoles por su escasa religión, ridiculiza la cultura occidental, que sólo conoce la religión del oro y el comercio, amparada en la hipocresía de la fe. Los indios, en su religiosidad implacable, avergüenzan a la razón occidental con la profanación de sus propios valores. Su fanatismo resulta insoportable como condena y desmitificación de una cultura ante sus propios ojos (lo mismo se produce actualmente con el Islam). Un crimen semejante es inexpiable y justifica por sí solo el exterminio.

No es evidente que el otro exista para todo el mundo. ¿Existe un otro para el Salvaje, para el Primitivo? Algunas relaciones son absolutamente asimétricas: uno puede ser el otro del otro, sin que el otro sea el otro de uno. Yo puedo ser el otro para él, y él no ser el otro para mí. Los alakaluves de la Tierra de Fuego fueron aniquilados sin que hubieran intentado entender jamás a los blancos, hablarles o negociar con ellos. Ellos se llamaban los «hombres», y no había otros. Los blancos ni siquiera eran diferentes: eran ininteligibles. Su riqueza y su asombrosa técnica ni siquiera les sorprenden. A lo largo de tres siglos de contactos, no adoptan nada de las técnicas blancas, siguen remando en esquifes. Los blancos los diezman y los matan, pero es como si no existieran. Serán aniquilados sin conceder nada a su alteridad. Jamás habrán sido asimilados, ni siquiera habrán alcanzado la fase de la diferencia. Serán aniquilados sin ni siquiera haber concedido a los blancos el honor de reconocerlos como diferentes. Son irrecuperables. Por el contrario, para los blancos son los «otros», seres diferentes pero humanos; lo suficiente por lo menos para evangelizarlos, explotarlos y después liquidarlos.

En el tiempo de su soberanía, los alakaluves se llaman los «Hombres». Después los blancos los designan con el mismo nombre con que ellos designaban a los blancos: los Extranjeros. Así pues, se llaman a sí mismos «Extranjeros» en su propia lengua. Finalmente, en los últimos tiempos, se llamarán «Alakaluves», que es la única palabra que siguen pronunciando delante de los blancos, y que significa «Dame, dame» —ya sólo son designados con el nombre de su mendicidad–. Al comienzo ellos mismos, después extranjeros de sí mismos, después ausentes de sí mismos: la trilogía de los nombres refleja el exterminio. Está claro que el crimen es obra de los que poseen la visión universal y que manipulan la alteridad en favor propio. Los alakaluves, en su singularidad que ni siquiera concibe al Otro, son ineluctablemente vencidos. Pero no está dicho que el exterminio de esta singularidad no resulte a su vez fatal para los blancos a largo plazo. Es el desquite de la extrañeza radical, exorcizada por el humanismo colonial pero convertida en virus en la sangre de los blancos y condenándolos en determinado plazo al mismo tipo de desaparición.

Todo obedece al sistema y al mismo tiempo todo se le escapa. Las poblaciones mundiales que simulan el estilo de vida occidental jamás se han adherido a él, y en secreto lo desprecian. Permanecen ajenas a este sistema de valores. Su manera de apuntarse, de ser con frecuencia más fanáticamente occidentales que los occidentales, tiene todos los rasgos de una parodia simiesca, una chapucería con los detritus de la Ilustración y del progreso. Así como negocian o pactan con Occidente, siguen pensando que su rito propio es el rito fundamental. Es posible que un día desaparezcan, igual que los alakaluves, sin haberse tomado jamás a los blancos en serio (mientras que nosotros nos los tomamos muy en serio, tanto para asimilarlos como para destruirlos, puesto que ellos mismos están a punto de convertirse en el punto de referencia crucial y negativo de todo nuestro sistema de valores).

Es posible que los blancos desaparezcan un día sin haber entendido que su blancura no es más que la de la promiscuidad y la confusión de todas las razas y todas las culturas, de la misma manera que la luz blanca es la del melodrama de todos los colores. Ahora bien, los colores sólo son comparables entre sí cuando son referidos a una escala universal de frecuencias. También las culturas sólo son comparables si son referidas a una escala estructural de diferencias. Pero el juego es asimétrico, pues únicamente para la cultura occidental los demás son diferentes. Para los demás, los blancos ni siquiera son diferentes, no existen, son fantasmas de otro mundo. Se convierten riéndose interiormente de la hegemonía occidental, de la misma manera que los indígenas dogones regalan a los psicoanalistas unos sueños que inventan para agradarles. Despreciábamos sus culturas, hoy las respetamos. Ellos no respetan la nuestra y sólo sienten por ella una inmensa condescendencia. Si nosotros hemos conquistado el derecho de explotarlos y de subyugarlos, ellos se han permitido el lujo de engañarnos.

Lo más extraño, después de la lectura de Bruce Chatwin sobre los aborígenes (*Songlines, El canto de las pistas*), es que nos sintamos tan perplejos respecto a la realidad de las pistas, los itinerarios poéticos y musicales, los cantos, el «Dreamtime». Existe en todos estos relatos una especie de fulgor de engaño, de ilusión óptica del mito, como si los aborígenes nos soltaran al mismo tiempo lo más profundo y auténtico (el mito bajo su forma austral más misteriosa), y lo más moderno e hipotético: la incertidumbre de cualquier relato, la duda absoluta respecto al origen. Para que creyéramos en estas cosas fabulosas, haría falta que ellos dieran la impresión de creerlas. Ahora bien, por una especie de maligno placer, juegan el juego del secreto y la esquiva, entregan algunos indicios, pero jamás las reglas del juego; se tiene la impresión de que improvisan al capricho de nuestra fantasía, y no hacen el menor esfuerzo para garantizarnos la verdad de lo que dicen. Es su manera de mantener el secreto y de reírse de nosotros, que, en el fondo, somos los únicos que queremos creer.

Su secreto no está en lo que no dicen, sino en el hilo del relato, en la superficie indescifrable del relato: es una forma irónica de mitología de las apariencias. Y en esta manipulación son muy superiores, nosotros somos los primitivos. Los blancos no han terminado de ser engañados.

Esta simulación de los valores blancos es universal tan pronto como se superan los límites de nuestra cultura. Pero en el fondo, nosotros mismos, sin ser alakaluves o aborígenes, dogones o árabes, ¿no nos reímos de nuestros propios valores? ¿No los utilizamos con la misma afectación, la misma oculta desenvoltura, tan poco convencidos en el fondo por nuestra demostración de fuerza, por nuestro desfile tecnológico e ideológico? Pero tendrá que pasar mucho tiempo antes de que estalle, para nosotros mismos, la abstracción utópica de nuestra visión universal de las diferencias, cuando las restantes culturas ya han respondido a ella con una indiferencia universal.

No se trata de rehabilitar a los aborígenes, ni de abrirles un espacio en el concierto de los derechos del hombre, pues su desquite está en otra parte: en su poder de desestabilización del imperio occidental. Es su presencia fantasmal, viral, espectral, en las sinapsis de nuestro propio cerebro, en los circuitos de nuestro propio cohete: Alien. Es la manera con que los blancos han atrapado el virus del origen, de la indianidad, de la aborigenidad, de la patagonicidad. El asesinato de todo eso pasa a nuestras venas, por transfusión inexorable, por infiltración. El desquite de la colonización no es en absoluto la reapropiación por los indios o los aborígenes de su territorio, de sus privilegios, de su autonomía —esto es *nuestra* victoria—, sino la manera en que los blancos se han sorprendido misteriosamente por el desorden de su propia cultura, embargados por una lentitud ancestral, y sucumben sutilmente a la influencia del «Dreamtime». Fenómeno mundial de inversión. Descubrimos que nada de lo que creíamos superado, en la marcha irresistible hacia el progreso universal, nada de eso ha muerto, que todo resurge, no como vestigio arcaico o nostálgico (pese a nuestro prodigioso trabajo de museificación), sino con una vehemencia y una virulencia absolutamente modernas en el corazón de nuestros sistemas ultrasofisticados y ultravulnerables, estropeándolos sin esfuerzo alguno. Ahí está el destino de la alteridad radical, que no se resolverá en una homilía de la reconciliación ni en una apología de la diferencia.

LA IRRECONCILIACION

Al principio de unión y reconciliación se opone el de desunión e irreconciliación. De estos dos principios, siempre triunfa el de irreconciliación, ya que por definición hace fracasar eternamente al primero.

Es el mismo problema que se plantea con el Bien y el Mal. El Bien consiste en una dialéctica del Bien y el Mal. El Mal consiste en la denegación de esta dialéctica, en la desunión radical del Bien y el Mal y, por consiguiente, en la autonomía del principio del Mal. Mientras que el Bien supone la complicidad dialéctica del Mal, el Mal se basa en sí mismo, en la plena incompatibilidad. Así, es el dueño del juego; y el principio del Mal, el reino del antagonismo eterno, es lo que triunfa.

En el caso de la Alteridad radical entre los seres, los sexos, las culturas, se produce el mismo antagonismo que con el Mal, la misma lógica de una incomprensibilidad definitiva, el mismo apriorismo de la extrañeza. Pero ¿es posible tomar partido por lo extraño? No, según el teorema de la distancia, del alejamiento cada vez mayor de los cuerpos y las mentes cuya hipótesis se puede establecer a imagen y semejanza de la de los cuerpos celestes. Esta hipótesis de la excomunión eterna,

149

que domina sobre la de una maldición insoluble, es la de la transparencia del Mal, que debe ser enfrentada a la utopía universal de la comunicación. Por consiguiente, se ve negada en todas partes por la evidencia. Pero sólo aparentemente, pues cuanto más parecen orientarse las cosas hacia una comprensión y una homogeneización universales, más se impone el tema de la irreductibilidad eterna, cuya presencia inexpugnable se adivina, aunque no podamos analizarlo.

Se impone como el hecho bruto, irresistible, suprasensible y sobrenatural resultante, como una configuración fatal de la imposibilidad del pensamiento dialéctico de la diferencia. Una especie de fuerza de repulsión universal que se opone a la fuerza canónica de la atracción universal.

Esa fuerza, irreconciliable, juega en todas las culturas, y hoy sigue haciéndolo en las relaciones del Tercer Mundo con Occidente, de Japón con Occidente, de Europa con América, prácticamente en el interior de cada cultura, en las singularidades que acaban por dominarla. Marruecos, Japón, el Islam, *jamás* serán occidentales. Europa jamás colmará el foso de la modernidad que le separa de América. El evolucionismo cosmopolita es una ilusión, y en todas partes estalla como ilusión.

No existe solución a la Extrañeza. Es eterna y radical y no se trata de pretender que lo sea. Lo es.

Esto es el Exotismo radical. Es la regla del mundo. No es una *ley*. La ley es precisamente el principio universal de comprensión, el juego regulado de las diferencias, la racionalidad moral, política, económica. Es una *regla* y, como toda regla, supone una *predestinación* arbitraria. Pensemos en las lenguas, irreductibles entre sí. Las lenguas están predestinadas cada una de ellas según su regla, su arbitrariedad, su lógica implacable. Cada una de ellas obedece a la ley de la comunicación y el intercambio, pero, simultáneamente, cada una de ellas obedece a una coherencia interna indestructible y, en tanto que lenguas, son y siguen siendo eternamente intraducibles entre sí. A eso se debe que sean todas tan «hermosas»: a que son extrañas las unas a las otras.

Una ley jamás es ineluctable: es un concepto y se basa en un consenso. La regla, por su parte, es ineluctable, porque no es un concepto, es una forma que ordena el juego. Lo mismo ocurre con la seducción. Eros es el amor, la fuerza de atracción, de fusión, de unión. La seducción es la figura mucho más radical de desunión, de distracción, de ilusión y desviación, de alteración de la esencia y el sentido, de alteración de la identidad y los sujetos. Y, contrariamente a lo que se cree, la entropía no está del lado de la desunión universal sino del lado de la unión y la fusión, del lado del amor y la comprensión, del lado de la buena utilización de las diferencias. La seducción y el exotismo son el exceso del otro y de la alteridad, el vértigo de lo más diferente que lo diferente −es lo irreductible, y ahí está la auténtica fuente de energía.

En este mundo de la predestinación del Otro, todo viene de fuera: los acontecimientos fastos o nefastos, las enfermedades, los mismos pensamientos. Todos los mandamientos vienen de lo inhumano, de los dioses, de las bestias, de los espíritus, de la magia. Es el universo de lo fatal, que se opone al psicológico. Si, según Kristeva, nos volvemos extraños a nosotros mismos al interiorizar al otro, tomando, entre otras, esta extrañeza a nosotros mismos como la forma del inconsciente, en tal caso es cierto que, en el mundo de lo fatal, el inconsciente no existe. No hay forma universal del inconciente, como pretende el psicoanálisis, y en dicho sentido, la única alternativa a la inhibición inconsciente es lo fatal, la imputación de cualquier cosa a una instancia absolutamente inhumana, exterior a lo humano, y que nos libera.

En este universo fatal, el problema del Otro es la hospitalidad.

Dimensión dual, ritual, dramática. ¿A quién recibir, cómo recibir, obedeciendo a qué reglas? Sólo se existe al ser recibido y al recibir (y no al ser conocido y reconocido). La comunicación, en la que el mensaje sólo es descodificado y no dado y recibido, carece de esa dimensión simbólica. Sólo pasa el mensaje, las personas no se intercambian. Sólo pasa la dimensión abstracta del sentido, que cortocircuita la dimensión dual.

El Otro es el huésped. No igual en derecho y diferente, sino extranjero, *extraneus*. Y debe ser exorcizado en su extrañeza. Pero a partir del momento en que es iniciado según las reglas, su vida se vuelve más preciosa que la mía. En este universo simbólico nada está en posición de alteridad diferente. Ni los animales, ni los dioses, ni los muertos son otros. Los absorbe el mismo ciclo. Fuera de ahí, ni siquiera existimos.

Todas las demás culturas son extraordinariamente hospitalarias, tienen una posibilidad fantástica de absorción. Mientras nosotros oscilamos entre la presa y la sombra del otro, entre la predación pura y el reconocimiento ideal, las restantes culturas mantienen la posibilidad de reciclar lo que les viene de fuera, incluido de nuestro universo occidental, en su propia regla de juego. Lo reciclan instantáneamente o a largo plazo sin sentirse amenazados en su código o su dispositivo fundamental. Precisamente porque no viven de la ilusión de una ley universal, no están fragilizados como nosotros lo estamos, obligados siempre a interiorizar la ley y a estar en el origen de nosotros mismos y de nuestros actos, de nuestros gustos y placeres. Las culturas salvajes prescinden de semejante pretensión. Ser uno mismo carece de sentido: todo viene del Otro. Nada es uno mismo y no tiene lugar para serlo.

A este respecto, Japón equivale a Brasil o a los primitivos occidentalizados de los Maîtres-Fous de Jean Rouch: todos caníbales, dando una hospitalidad asesina a unos valores que no son ni serán jamás los suyos.

La fuerza del Japón consiste en esta forma de hospitalidad dada a la técnica y a todas las formas de la modernidad (igual que anteriormente a la religión o a la escritura), pero sin interiorización psicológica, sin profundidad, y que mantiene la distancia del código. Es una hospitalidad en forma de desafío, y no de reconciliación o reconocimiento. La impenetrabilidad sigue siendo total. Es, literalmente, una operación de seducción que consiste en desviar algo (un signo, una técnica, un objeto) de su esencia y hacerlo funcionar con otro código, o también en hacerlo pasar del campo de la ley (el capital, el valor, la economía, el sentido) al campo de la regla (juego, ritual, ceremonial, ciclo, repetición).

El dinamismo japonés no obedece al sistema de valores ni a las finalidades del proyecto occidental. Se practica con una especie de distancia, de pureza operacional, que no carga con las ideologías y las creencias que han acompañado en Occidente la historia del capital y la técnica. Los japoneses son los grandes comediantes de la tecnología; defienden sin saberlo la paradoja del actor tecnológico de la misma manera que Diderot defendía la paradoja del comediante: para ser el más eficaz, se precisa distancia, se precisa una regla del juego, se precisa que nuestro genio propio nos venga de fuera, del rol o del objeto técnico (los industriales japoneses creen que existe un dios oculto en cada objeto técnico, que le da una autonomía y un genio propios). Hay que jugar con la técnica como con los signos, en plena esfumación del sujeto, en plena elipsis del sentido y, por consiguiente, en plena afectación.

Los rituales simbólicos pueden absorber cualquier cosa, incluido el cuerpo sin órganos del capitalismo. Nada de desterritorialización, nada de especulación heideggeriana sobre las relaciones de la técnica con el origen y con el ser, nada de interiorización psicológica. Es un desafío a Occidente en su propio terreno, pero con una estrategia infinitamente más eficaz, la de un sistema de valores que *se permite el lujo de la técnica*, la de una práctica técnica como artificialidad pura, sin nada que ver con el progreso u otras formas racionales. Esta estrategia pura, esta *performance* fría y minuciosa, tan diferente de la trivial modernidad occidental, es una forma enigmática, ininteligible para nosotros. En ese sentido, es una de las formas del exotismo radical de que habla Segalen, mucho más asombrosa en la medida en que «afecta» a una sociedad superdesarrollada, que conserva todo el poder ritual de las sociedades primitivas.

Esta forma es caníbal: integra, absorbe, remeda, devora. Pero la cultura afro-brasileña también es un ejemplo bastante bueno de canibalismo, de deglución de la cultura blanca y moderna de forma seductora. El canibalismo jamás es otra cosa que una forma extrema de relación con el otro, incluido en el amor; una forma de hospitalidad radical.

No es que en Brasil el problema racial haya sido mejor resuelto que en otra parte, sino que el racismo ideológico se ha vuelto allí más difícil por la confusión de razas y la multiplicación de los mestizajes. La discriminación racial se ha ahogado en el cruce de las líneas de raza como las líneas de la mano. Esta forma de descalificación del racismo por dispersión de su objeto es mucho más sutil y eficaz que la lucha ideológica, cuya ambigüedad resucita en cada ocasión al objeto. El racismo no desaparecerá jamás mientras sea combatido frontalmente por una denegación racional. Sólo puede ser vencido por el juego de las razas y su diferencial irónico. En absoluto por una legalización de las diferencias bajo el signo del derecho, sino por el juego eventualmente violento de seducción y deglución. Es la historia tanto del obispo de Pernambuco como de «Qué bueno estaba mi francesito»: se le considera muy guapo, se le santifica y se le devora. Se le concede algo más que el derecho de existir, se le concede el prestigio de morir. Si el racismo es una abreacción violenta a la seducción del Otro (más que a su diferencia), sólo puede ser resuelto mediante el juego redoblado de la seducción.

Muchas otras culturas tienen una situación más original que la nuestra. Para nosotros, todo es descifrable de antemano, contamos con extraordinarios medios de análisis, pero no de situación. Vivimos teóricamente mucho más allá de nuestros propios acontecimientos. De ahí la profunda melancolía. A los otros les queda un fulgor de destino, de algo que viven pero que sigue siendo, muertos o vivos, indescifrable para siempre. Nosotros hemos liquidado el fuera. Otras culturas más extrañas viven en la prosternación (ante las estrellas, ante el destino), nosotros vivimos en la consternación (por la ausencia de destino). Todo tiene que venir de nosotros mismos. Y, en cierto modo, esto es la desdicha absoluta.

EL EXOTISMO RADICAL

A la luz de todo cuanto se ha hecho por exterminarlo, se aclara la indestructibilidad del Otro, y por tanto la fatalidad indestructible de la Alteridad.

Poder de la idea, poder de los hechos.

La Alteridad radical resiste a todo: a la conquista, al racismo, al exterminio, al virus de la diferencia, al psicodrama de la alienación. De una parte, el Otro siempre está muerto; de la otra, es indestructible.

Así es el Gran Juego.

Impenetrabilidad última de los seres como de los pueblos.

«La impenetrabilidad de las razas no es más que la extensión a las razas de la impenetrabilidad de los individuos» (Segalen).

El exotismo sólo sobrevive de la imposibilidad del encuentro, de la fusión, del intercambio de las diferencias. Afortunadamente, todo eso es una ilusión, la misma de la subjetividad.

Solo queda la extrañeza del extranjero, el irredentismo del objeto.

Nada de psicología, siempre es lo peor.

Eliminar todas las formas psicológicas, ideológicas y morales del Otro. Eliminar la metáfora del Otro, el Otro como metáfora.

Buscar su «crueldad», la ininteligibilidad del Otro, su obsesión. Forzarle a la extrañeza, forzarle en su extrañeza.

Agotamiento de la metáfora; forma sublime de violación metafórica.

Antietnología radical, antiuniversalismo, antidiferencialismo.

El exotismo radical contra el proxenetismo de la diferencia.

Segalen lo había dicho en lo que se refiere al descubrimiento del mundo y de las otras culturas: una vez delimitada la Tierra como esfera, como espacio acabado por la omnipotencia de los medios de comunicación, sólo queda la fatalidad del turismo circular, que se agota en la absorción de todas la diferencias, en el exotismo más trivial. Sin embargo, una vez localizada esta fatalidad entrópica de la nivelación de todas las culturas y, por tanto, de la imposibilidad del lenguaje, Segalen resucita de todos modos la gran perspectiva del Exotismo Esencial, del Exotismo Radical.

«El exotismo es la percepción aguda e inmediata de una incomprensibilidad eterna.»

Lo que domina no es el régimen de la diferencia y la indiferenciación, sino la incomprensibilidad eterna, la extrañeza irreductible de las culturas, de las costumbres, de los rostros, de los lenguajes.

«Si el sabor aumenta en función de la diferencia, ¿qué más

sabroso que la oposición de los irreductibles, el choque de los contrastes eternos?»

El irredentismo del objeto: «El exotismo esencial es el del Objeto para el Sujeto.» El exotismo como la ley fundamental de la intensidad de la sensación, de la exaltación del sentir y, por tanto, del vivir...

«Todos los hombres están sometidos a la ley del exotismo...»

¿Es una ley? ¿La teoría del exotismo es ética, estética, una filosofía, un arte de vivir, una visión del mundo, impresionista o doctrinal? Para Segalen, es una hipótesis ineluctable y una fuente de placer.

La alteridad radical es a la vez inencontrable e irreductible. Inencontrable como alteridad en sí (evidentemente un sueño), pero irreductible como regla de juego simbólico, como regla de juego del mundo. La promiscuidad y la confusión general de las diferencias no alteran esta regla de juego en tanto que regla de juego. No es una ley racional, ni un proceso demostrable. Jamás dispondremos de pruebas, ni metafísicas ni científicas, de este principio de extrañeza y de incomprensibilidad; hay que tomar partido por él.

Lo peor es la comprensión, que sólo es una función sentimental e inútil. El auténtico conocimiento es el de que jamás nos comprenderemos en el otro, lo cual hace que este otro no sea uno mismo y, por consiguiente, no pueda ser separado de sí, ni alienado por nuestra mirada, ni instituido en su identidad o en su diferencia. (No plantear jamás a los demás la pregunta de su identidad: así, en el caso de América, jamás se ha planteado la cuestión de la identidad americana, es la extrañeza de América lo que está en juego.) Si no entendemos al salvaje, es por la misma razón por la que él no se entiende a sí mismo (el término «salvaje» traduce esta extrañeza mucho mejor que todos los eufemismos posteriores).

Así pues, esta regla del exotismo obliga a no engañarse con la comprensión, ni con la intimidad, ni con el país, ni con el viaje, ni con lo pintoresco, ni con uno mismo. La dimensión del Exotismo Radical no es, por otra parte, obligatoriamente la del viaje: «No era necesario para obtener la impresión (del exotismo) recurrir al episodio obsoleto del viaje... Pero el episodio y la puesta en escena del viaje permiten, mejor que cualquier otro subterfugio, ese cuerpo a cuerpo brutal, rápido, despiadado, y señala mejor cada uno de los golpes.» El viaje es un subterfugio, pero el más adecuado de todos.

Poder de la antípoda, poder crítico del viaje. Es el período más hermoso del Otro: Jean de Lhéry, Montesquieu, Segalen.

Es el momento sublime de irrupción de la alteridad. Siglo XVIII. Hay que mantener al otro en su extrañeza. Barthes y el Japón. América. No intentar entenderlo como diferencia. Es el principio del Exota de Segalen. Ninguna pretensión a la verdad. Repugnancia del exotismo trivial. Tampoco intentar abolirse delante del otro. Es la tentación de Isabelle Eberhardt: forma fusional, confusión mística. Ella responde al interrogante: ¿cómo se puede ser árabe?, volviéndose árabe, renegando de la propia extrañeza. Sólo consigue morir. Y es un árabe el que la arroja a la corriente, para aniquilar esta apostasía. Rimbaud, en cambio, no fusiona jamás. Su extrañeza respecto a su propia cultura es demasiado grande, no tiene ninguna necesidad de diversión mística.

Patagonia. Fantasía de desaparición. La de los indios, la tuya, la de toda cultura, la de todo paisaje en la indiferenciación de las brumas y los hielos. Pero en el fondo, todo eso desaparece también aquí en Europa, todos somos alakaluves. ¿Por qué esta diversión geográfica? La clave está en que es mejor acabar con una forma rastrera de desaparición (la nuestra) mediante un tránsito rápido hacia la desaparición visible. Todo paso a la acción es una solución imaginaria. Por esta razón «Patagonia» rima tan bien con «Patafísica», la ciencia de las soluciones imaginarias. Patafísica y agonista. La Patagonista.

Lo que buscamos en el viaje no es el descubrimiento ni el intercambio, sino una desterritorialización blanda, una posesión por el mismo viaje, y por tanto por la ausencia. En los vectores metálicos que trascienden los meridianos, los océanos, los polos, la ausencia adopta una cualidad carnal. Al secreto del enterramiento en la vida privada sucede el aniquilamiento por la longitud y la latitud. Pero al final el cuerpo está fatigado de no saber dónde está, en tanto que el espíritu se exalta con esta ausencia como con una cualidad que le es propia.

A fin de cuentas, en los demás tal vez buscamos la misma desterritorialización blanda que buscamos en el viaje. El deseo propio y el descubrimiento es sustituido en la tentación del exilio por el deseo del otro y su travesía. Ya muchas veces las miradas y los gestos amorosos tienen la distancia del exilio, el lenguaje se expatria en palabras que tienen miedo a significar, los cuerpos son como un holograma blando a la vista y al tacto, sin resistencia y propicio, por consiguiente, a ser estriado en todos los sentidos por el deseo como un espacio aéreo. Nos desplazamos con circunspección en un planeta mental hecho de circunvoluciones. Y traemos de nuestros excesos y de nuestras pasiones los mismos recuerdos transparentes que de nuestros viajes.

Ocurre con el viaje lo mismo que con la relación con los otros. El viaje como metamorfosis, como anamorfosis de la Tierra. Lo femenino como metamorfosis, como anamorfosis de lo masculino. La transferencia como liberación de nuestro propio sexo y de nuestra cultura. Esa forma, la de la expulsión y la liberación, es la que domina hoy sobre el viaje clásico, el del descubrimiento. Viaje espacial y orbital, vectorial, aquel que, junto a la velocidad, es también un juego con el tiempo. Viaje de la era de Acuario, en la versatilidad, en la reversibilidad de las estaciones, de las culturas. Escapar a la ilusión de la intimidad.

Anteriormente extensión periférica de una actividad central y diversión del lugar de origen, el viaje cambia de sentido de repente: se convierte en una dimensión original, la del no-retorno, la nueva escena primitiva. Entonces se vuelve realmente exótico y equivale en el futuro al descentramiento en el pasado de las sociedades primitivas. Al mismo tiempo, mientras anteriormente consistía en comprobar la monotonía creciente de los países y las culturas, la erosión planetaria de las mentalidades —con esta especie de masoquismo que caracteriza la ilusión turística—, lo que surge hoy del viaje es, por el contrario, el exotismo radical, la incompatibilidad de todas las culturas.

Viajar era la manera de estar fuera, o de no estar en ninguna parte. Hoy es la única manera de experimentar la sensación de estar en alguna parte. En casa, rodeado de todas las informaciones, de todas las pantallas, ya no estoy en ninguna parte, estoy en todas las partes del mundo a un tiempo, estoy

161

en la banalidad universal. Es la misma en todos los países. Aterrizar en una ciudad nueva, en una lengua extranjera, es reencontrarme de repente aquí y en ninguna parte. El cuerpo recupera su mirada. Liberado de las imágenes, recupera la imaginación.

¿Qué hay más próximo al viaje, a la anamorfosis del viaje, que la fotografía? ¿Qué hay más próximo a su origen? De ahí su afinidad con todo lo salvaje y primitivo, con el exotismo más esencial, el del Objeto, el del Otro.

Las fotos más hermosas son las que se hicieron a los salvajes en su lugar natural. El salvaje siempre planta cara a la muerte y afronta el objetivo exactamente igual que a la muerte. No es farsante, ni indiferente. Posa siempre, da la cara. Su victoria consiste en transformar una operación técnica en un cara a cara con la muerte. Es lo que le convierte en un objeto fotográfico tan fuerte y tan intenso. Cuando el objetivo ya no capta esta pose, la obscenidad provocadora del objeto ante la muerte; cuando el sujeto se vuelve cómplice del objetivo y también el fotógrafo se vuelve subjetivo, ha terminado el gran juego fotográfico. El exotismo ha muerto. Actualmente, es muy difícil encontrar un sujeto, o incluso un objeto, que no sea cómplice del objetivo.

Para la mayoría, el único secreto consiste en no saber cómo viven. Este secreto les aureola de un cierto misterio, de un cierto salvajismo que si la foto es buena consigue captar. Captar en los rostros el fulgor de ingenuidad y destino que traiciona el hecho de que no saben quienes son, que no saben cómo viven. El brillo de impotencia y de estupefacción del que carece por completo la raza mundana, taimada, conectada, introspectiva, que está en el meollo de sí misma y, por consiguiente, sin secreto. Para esos, la foto es despiadada.

Sólo es fotográfico lo que es violado, sorprendido, desvelado, revelado a pesar suyo, lo que jamás habría debido ser representado porque carece de imagen y de conciencia de sí mismo. El salvaje, o lo que nosotros tenemos de salvaje, no se refleja. Es salvajemente extraño a sí mismo. La mujeres más seductoras son las más extrañas a sí mismas (Marilyn). La buena fotografía no representa nada, capta esta no-representatividad, la alteridad de lo que es extraño a sí mismo (al deseo y a la conciencia de sí), el exotismo radical del objeto.

Los objetos, al igual que los primitivos, tienen un cuerpo fotogénico de ventaja sobre nosotros: están liberados de entrada de la psicología y la introspección. Así que mantienen toda su seducción frente al objetivo.

La fotografía explica el estado del mundo en nuestra ausencia. El objetivo explora esta ausencia. Incluso en los rostros o los cuerpos cargados de emoción y de patetismo, sigue explorando esta ausencia. Así, lo que mejor se retrata son los seres para los cuales no existe el otro, o ya no existe (los primitivos, los miserables, los objetos). Sólo lo inhumano es fotogénico. A este precio funciona una estupefacción recíproca, y por consiguiente una complicidad nuestra con el mundo y del mundo con respecto a nosotros.

La fotografía es nuestro exorcismo. La sociedad primitiva tenía sus máscaras, la sociedad burguesa sus espejos, nosotros tenemos nuestras imágenes.

Creemos forzar el mundo mediante la técnica. Pero mediante la técnica es el mundo lo que se nos impone, y el efecto sorpresa debido a esta inversión es considerable.

Creemos fotografiar determinada escena por placer —en realidad, *ella* es la que *quiere* ser fotografiada— y no somos más que el figurante de su puesta en escena. El sujeto no es más que el agente de la aparición irónica de las cosas. La imagen es, por excelencia, el médium de la publicidad gigantesca que se hace el mundo, que se hacen los objetos, forzando a nuestra imaginación a borrarse, a nuestras pasiones a extrovertirse, rompiendo el espejo que les ofrecíamos hipócritamente para captarlas.

El milagro actual es que las apariencias, largo tiempo reducidas a una servidumbre voluntaria, se vuelven hacia nosotros y contra nosotros, soberanas, a través de la técnica con que las habíamos expulsado. Vienen hoy de fuera, de su lugar propio, desde el centro de su banalidad, desde el centro de su objetualidad; irrumpen por todas partes, multiplicándose a sí mismas con alegría (la alegría de fotografiar es un júbilo *objetivo*; aquel que jamás ha experimentado el arrebato *objetivo* de la imagen, de mañana, en una ciudad, en un desierto, jamás entenderá nada de la delicadeza patafísica del mundo).

Si una cosa quiere ser fotografiada, es precisamente porque no quiere entregar su sentido, porque no quiere reflejarse. Es porque quiere ser captada directamente, violada allí mismo, iluminada en su detalle, en su cualidad fractal. Sentimos que una cosa quiere ser fotografiada, quiere volverse imagen, y no para durar; al contrario, es para desaparecer mejor. Y el sujeto sólo es un buen médium fotográfico si entra en este juego, si exorciza su propia mirada y su propio juicio estético, si disfruta de su propia ausencia.

Es preciso que una imagen tenga esa cualidad, la de un universo del que se ha retirado el sujeto. La propia trama de los detalles del objeto, de las líneas, de la luz, es lo que debe significar la interrupción del sujeto y, por consiguiente, también la interrupción del mundo, que constituye el suspense de la foto. Mediante la imagen, el mundo impone su discontinuidad, su fragmentación, su amplificación, su instantaneidad artificial. En dicho sentido, la imagen fotográfica es la más pura, porque no simula el tiempo ni el movimiento y se ciñe al más riguroso irrealismo. Todas las restantes formas de imagen (cine, por ejemplo), lejos de constituir progresos, quizá no son más que formas atenuadas de la ruptura de la imagen pura con lo real. La intensidad de la imagen es proporcional a su discontinuidad y a su abstracción máxima, es decir, a su idea preconcebida de denegación de lo real. Crear una imagen consiste en quitar al objeto todas sus dimensiones, una tras otra: el peso, el relieve, el perfume, la profundidad, el tiempo, la continuidad y, evidentemente, el sentido. Sólo a cambio de esta desencarnación, de este exorcismo, la imagen gana un incremento· de fascinación, de intensidad, se vuelve el médium de la objetualidad pura, se vuelve transparente a una forma de seducción más sutil. Volver a añadir una tras otra todas estas dimensiones, el relieve, el movimiento, la emoción, la idea, el pathos, el sentido, el deseo, para que salga mejor, para que salga más real, o sea, mejor simulado, es un contrasentido total en términos de imagen. Y la propia técnica cae en su propia trampa.

En la fotografía, las cosas se encadenan mediante una operación técnica que corresponde al encadenamiento de su banalidad. Vértigo del detalle perpetuo del objeto. Excentricidad mágica del detalle. Lo que es una imagen para otra imagen, una foto para otra foto: contigüidad fractal, nada de relación dialéctica. Nada de «visión del mundo», nada de mirada —la refracción del mundo, en su detalle, con armas iguales.

La imagen fotográfica es dramática. Por su silencio, por su inmovilidad. Aquello con que las cosas sueñan, con que nosotros soñamos, no es el movimiento, es esa inmovilidad más intensa. Fuerza de la imagen inmóvil, fuerza de la ópera mítica. El propio cine cultiva el limite del ralentí y de la detención de la imagen como el punto más alto del dramatismo. Y la paradoja de la televisión habrá consistido sin duda en devolver todo su encanto al silencio de la imagen.

La imagen fotográfica también es dramática por la lucha entre la voluntad del sujeto de imponer un orden, una visión, y la voluntad del objeto de imponerse en su discontinuidad y su inmediatez. En el mejor de los casos vence el objeto, pues la imagen-foto es la de un mundo fractal del que no existe ecuación ni suma en ninguna parte. Diferente del arte, de la pintura, del propio cine, que, por la idea, la visión o el movimiento, esbozan siempre la figura de una totalidad.

No el desapego del sujeto en relación con el mundo, sino la desconexión de los objetos entre sí, la sucesión aleatoria de los objetos parciales y los detalles. Tanto de la síncopa musical como del movimiento de las partículas. La foto es lo que más nos acerca a la mosca, a su ojo con facetas y a su vuelo en líneas quebradas.

Es posible que el deseo de fotografiar provenga de esta verificación: visto en una perspectiva de conjunto, por el lado del sentido, el mundo es muy decepcionante. Visto en detalle, y por sorpresa, siempre resulta de una evidencia perfecta.

Reconstituir, como en la anamorfosis, a partir de sus fragmentos, y siguiendo su línea quebrada, sus líneas de fractura, la forma secreta del Otro.

LA PERSECUCION VENECIANA

Un extraño orgullo nos lleva no sólo a poseer al otro sino a forzar su secreto; no sólo a resultarle querido sino a resultarle fatal. Desempeñar en la vida del otro el papel de la eminencia gris.

Comenzar por seguir a la gente al azar, por la calle, en secuencias breves y desorganizadas, con la idea de que la vida de la gente es un recorrido aleatorio, que carece de sentido, que no va a ninguna parte y que por ello es fascinante. Sólo existimos tras sus pasos, a sus espaldas —en realidad seguimos nuestros propios pasos, a nuestras espaldas—. Así que no es para descubrir la vida del otro, ni adónde va. Tampoco es una deriva en busca de lo desconocido. Creemos que somos el espejo del otro que no lo sabe. Creemos que somos el destino del otro, el doble de su recorrido que para él tiene un sentido, pero que repetido ya no lo tiene. Es como si alguien, detrás de él, supiera que no va a ninguna parte. Es, en cierta manera, como arrebatarle su objetivo: un genio malévolo se desliza sutilmente entre él y él mismo. Eso es tan fuerte que muchas veces la gente presiente que es seguida, por una especie de intuición de que algo ha entrado en su espacio, ha alterado su curva.

Cierto día, S. decide dar otra dimensión a esta experiencia. Ella decide seguir a lo largo de su viaje a Venecia a un hombre que apenas conoce. Acaba por descubrir el hotel donde se aloja. Alquila una habitación con ventana delante del hotel, para seguir sus idas y venidas. Le fotografía en todas partes. No espera nada de él, no quiere conocerle. Como él podría reconocerle, ella se disfraza, se tiñe de rubia. Pero las alegrías del carnaval no le interesan, pasa los quince días, al precio de innumerables esfuerzos, siguiendo su pista. Interroga a las personas de las tiendas que frecuenta, conoce los espectáculos a los que asiste e incluso la hora de su regreso a París, adonde irá a recibirle a su llegada para tomarle una última foto.

¿Deseaba que la matara, que sintiendo esa persecución como insoportable (sobre todo porque ella no quería nada, y menos que nada una aventura sexual) la violentara o que, volviéndose sobre ella, como Orfeo sobre Eurídice, la hiciera desaparecer? ¿Deseaba, por una inversión, que él se convirtiera en su propio destino? Como todos los juegos, éste tiene su regla fundamental: no debía suceder nada que pudiera crear un contacto o una relación entre ellos. El secreto no debe ser desvelado, so pena de caer en una historia banal.

Está claro que quien es seguido corre un riesgo mortal: cuando le siguen, sus huellas son borradas paso a paso. Ahora bien, nadie puede vivir sin huellas, de la misma manera que no se puede vivir sin sombra. La eminencia gris le borra sus huellas y él no puede presentir el sortilegio que le rodea. Ella le fotografía sin cesar. Aquí la foto no tiene función de *voyeurisme* ni de archivo. Quiere decir simplemente: aquí, a tal hora, en este lugar, bajo determinada luz, había alguien. Y al mismo tiempo: no tenía ningún sentido estar aquí, en este lugar, en tal momento —en realidad, no había nadie; yo que le he seguido puedo aseguraros que no había nadie.

Carece de interés saber que alguien lleva una doble vida.

Pues *la propia persecución es la doble vida del otro*. Cualquier existencia banal puede ser transfigurada por ella, cualquier existencia excepcional puede ser banalizada por ella. Pero el hecho es que la vida sucumbe a una atracción extraña.

No hay que decir «El otro existe, le he encontrado», hay que decir: «El otro existe, le he seguido.» El encuentro, la confrontación, siempre es demasiado verdadera, demasiado directa, demasiado indiscreta. No tiene secreto. Fijémonos en cómo las personas que se encuentran no acaban de reconocerse, de manifestar su identidad (de la misma manera que las que se aman no paran de decírsela). ¿Están tan seguros de ellos? ¿Acaso el encuentro es una prueba de la existencia del otro? En absoluto. En cambio, en el hecho de seguirle secretamente el otro existe, precisamente porque yo no le conozco, porque no quiero conocerle, ni dejarme reconocer. Existe porque, sin haberle elegido, ejerzo sobre él un derecho de persecución fatal. Sin haberle abordado, le conozco mejor que nadie. Puedo incluso abandonarle, como hace S. (en *La persecución veneciana*), con la certidumbre de reencontrarle al día siguiente, en el laberinto de la ciudad, de acuerdo con una especie de coyuntura astral (porque la ciudad es curva, porque el tiempo es curvo, porque la regla del juego devuelve obligatoriamente a los miembros de la pareja a la misma órbita).

La única manera de no encontrar a alguien es seguirle (es el principio inverso del laberinto, donde hay que seguirlo para no perderlo; aquí hay que seguirle para no encontrarle). Eso implica el momento dramático, donde el seguido se da media vuelta, asaltado por una inspiración repentina, por la conciencia repentina de ser seguido. Entonces el juego se invierte, y

el perseguidor se ve acosado, pues no dispone de una salida lateral. La única peripecia dramática es esa media vuelta inesperada del otro, que exige saber y que manda a todo el mundo a los infiernos.

Esta inversión se ha producido, además, en Venecia. El hombre se dirigió a ella preguntándole: «¿Qué quiere?» Ella no quiere nada. Ni una aventura policiaca, ni una aventura sexual. Esto es insoportable, e implica un peligro de homicidio y de muerte. La alteridad radical siempre supone un peligro de muerte. Y toda la angustia de S. gira en torno a esta iluminación violenta: dejarse desenmascarar, al mismo tiempo que procura evitarlo. «Ya no puedo seguirle más. Debe de estar preocupado, preguntándose si estoy ahí, tras él —ahora piensa en mí—, pero seguiré sus pasos de otra manera.»

S. habría podido encontrar a ese hombre, verle, hablarle. Jamás habría producido esta forma secreta de la existencia del Otro. El Otro es aquel cuyo destino llegamos a ser, no relacionándonos con él en la diferencia y el diálogo, sino asumiéndolo como secreto, como eternamente separado. No poniéndonos en contacto con él como interlocutor, sino asumiéndolo como su sombra, como su doble, como su imagen, esposándolo para borrar sus huellas, despojándolo de su sombra. El Otro jamás es aquel con el que se comunica, es aquel que se sigue, aquel que os sigue.

El otro nunca es naturalmente otro: hay que volverle otro seduciéndole, haciéndole extranjero de sí mismo, casi destruyéndole si no hay otro camino. Pero hay artificios más sutiles para conseguirlo.

Cada cual vive de la trampa que tiende al otro. Uno y otro viven en una afinidad sin fin, que debe durar hasta el final de

170

sus fuerzas. Cada cual *quiere* su otro en la imperiosa necesidad de reducirle a su merced y en el vértigo de hacerle durar para saborearlo. Las lógicas opuestas de la mentira y la verdad se unen en una danza de la muerte que sólo es puro júbilo del final del otro, ya que el deseo del otro también es siempre el deseo de terminar con el otro... ¿lo más tarde posible? La única cuestión consiste en saber quién soportará mejor el golpe, ocupando el espacio, la palabra, el silencio, el interior mismo del otro, desposeído de sí mismo en el momento en que es intimado en su diferencia. No se mata: se empuja al adversario a desear, a otorgar su propia muerte simbólica... El mundo es una trampa que funciona perfectamente.

Una alteridad, una extrañeza a fin de cuentas ininteligible: ahí está el secreto de la forma y de la singularidad del acontecimiento del otro.

«Ferdydurke: se ve, está claro, la manera cómo los individuos dependen de su medio, pero lo que para mí es mucho más abismal en el plano psicológico, más inquietante en el plano de la filosofía, es saber que al hombre le ocurre a veces que es creado por un hombre solo, otro él mismo —al azar de un encuentro gratuito, en cualquier instante—. Para mí no se trata de decir que un medio determinado me impone sus convenciones ni tampoco, como pretende Marx, que el hombre es un producto de su clase social. Lo que yo quiero es mostrar el contacto de un hombre con su semejante y el carácter inmediato, fortuito y salvaje de este contacto; es hacer ver cómo, a partir de estas relaciones improvisadas, acaba por nacer la forma, muchas veces una forma absolutamente inesperada, absurda... ¿No veis que una forma semejante es algo mucho más fuerte que una simple convención social?, ¿que se trata de un elemento imposible de dominar?»

GOMBROWICZ

Cada cual es el destino del otro y, sin duda, el destino secreto de cada cual es destruir al otro (o seducirlo), no por maldición o alguna otra pulsión de muerte, sino mediante su propio destino vital.

«Tal vez podamos imaginarnos el desarrollo de una enfermedad infecciosa en el cuerpo humano como la historia de una especie de microbios, con su origen, su apogeo y su decadencia. Una historia semejante a la de la especie humana, en unas proporciones seguramente diferentes, pero idénticas desde el punto de vista de la idea.

»Este tipo de especies microbianas vive en la sangre, en la linfa, en los tejidos de un individuo humano. Este hombre, víctima de una enfermedad desde nuestro punto de vista, es su paisaje, su mundo. Y para estos minúsculos individuos, intentar inconsciente e involuntariamente destruir ese mundo que es el suyo, y muchas veces destruirlo realmente, es la condición, la necesidad, el sentido de su existencia. (¿Quién sabe si los diferentes individuos de esta especie microbiana no están, al igual que los individuos humanos, dotados de talentos y de voluntades muy diferentes, y si no existen también entre ellos unos microbios vulgares y unos genios?)

»¿No podríamos en tal caso imaginar que la humanidad sea también una enfermedad para algún organismo superior que no alcanzamos a entender como un todo y en el que ella encuentra la condición, la necesidad y el sentido de su existencia, intentando destruir ese organismo y *obligada* a destruirlo a medida que se desarrolla, exactamente igual como la especie microbiana aspira a destruir al individuo humano "víctima de una enfermedad"? ¿Y no podríamos continuar nuestra reflexión y preguntarnos si no será tal vez la misión de cualquier comunidad viva, sea la especie microbiana o la humanidad, destruir poco a poco el mundo que la supera, sea un individuo humano o un universo?

»Aunque esta suposición se acercara a la verdad, nuestra imaginación no sabría qué hacer con ella, pues nuestra mente sólo es capaz de entender el movimiento descendente, jamás el movimiento ascendente. Sólo poseemos un saber respecto a lo que es inferior, mientras que en el caso de lo superior permanecemos en la fase del presentimiento. En tal sentido, quizá podamos interpretar la historia de la humanidad como un eterno combate contra lo divino, que, pese a su resistencia, poco a poco y por necesidad, es destruido por lo humano. Y siguiendo este esquema de pensamiento, tal vez podamos suponer que el elemento que nos supera y nos parece divino o es presentido como tal es superado a su vez por otro que le es superior, y así sucesivamente hasta el infinito.»

Relaciones y Soledades,
SCHNITZLER

Entre la especie microbiana y la especie humana existe simbiosis total e incompatibilidad radical. No podemos decir que el otro del hombre sea el microbio —jamás se oponen en su esencia, y no se confrontan—; se encadenan, y este encadenamiento está como predestinado. Nadie, ni el hombre ni el bacilo, puede pensarlo de diferente manera. No existe una línea fronteriza, ya que este encadenamiento repercute hasta el infinito. O, en tal caso, hay que tomar la decisión de afirmar que la alteridad está ahí: el Otro absoluto es el microbio, en su inhumanidad radical, aquella de la que no sabemos nada y que ni siquiera es diferente de nosotros. La forma oculta que lo altera todo y con la cual no hay negociación ni reconciliación posible. Y, sin embargo, vivimos de la misma vida que ella y, en tanto que especie, morirá al mismo tiempo que la nuestra —su destino es el mismo—. Es como la historia del gusano y el alga: el gusano alimenta en su estómago una alga sin la cual no puede digerir nada. Todo va bien, hasta el día en que al gusano se le antoja devorar su alga: la devora, pero muere (sin ni siquiera haberla digerido, ya que ella ya no puede ayudarle).

LA DECLINACION DE LAS VOLUNTADES

El secreto del otro es que jamás se me ha concedido ser yo mismo, y sólo existo por declinación fatal de lo que viene de fuera. En el apólogo de Schnitzler, el hombre vive de la vida de una especie microbiana que le atormenta y acabará por destruirle: son extraños entre sí, pero su destino es el mismo. En *La persecución veneciana*, S. no sabe qué es ni adónde va: sigue al que va, y comparte su secreto sin saberlo. Así que la existencia siempre adquiere forma por una declinación del sentido o del sinsentido, por la deflección de otra cosa. Carecemos de voluntad propia, y el otro jamás es aquello a lo que nos confrontaríamos por voluntad propia. Es la irrupción de lo que viene de fuera, la precesión de lo que viene de fuera; es la seducción de lo extraño y la devolución de lo extraño.

Así, puede que el secreto de la filosofía no consista en conocerse a sí mismo, ni en saber adónde vamos, sino en ir a donde va el otro; no soñar consigo mismo, sino soñar lo que sueñan los otros; no creerse a sí mismo, sino creer a los que creen. Precesión de todas las determinaciones venidas de fuera, ilegibles, indescifrables, da igual. Lo esencial está en esposar la forma extraña de cualquier acontecimiento, de cualquier objeto, de cualquier ser fortuito, ya que, de todos modos, jamás sabremos quiénes somos. Hoy la gente ha perdido su sombra, tiene absoluta necesidad de ser seguida por alguien. Hoy cuando todos perdemos nuestras propias huellas, es urgente que alguien nos pise los talones aunque con ello las borre y nos haga desaparecer. Es un modo cómplice de desaparición, es una forma de obligación simbólica divertida, una forma enigmática de unión y desunión.

Vivimos en una cultura que tiende a arrojar sobre cada uno de nosotros la responsabilidad de su propia vida. La responsabilidad moral heredada de la tradición cristiana se ha reforzado con todo el aparato de información y comunicación moderna para hacer asumir a cada cual la totalidad de sus condiciones de vida. Eso equivale a una extradición del otro, que se ha vuelto absolutamente inútil en la gestión programática de la existencia, ya que todo contribuye a la autarquía de la célula individual.

Ahora bien, esto es un absurdo. Nadie está obligado a soportar la responsabilidad de su propia vida. Esta idea cristiana y moderna es inútil y arrogante. Además, es una utopía sin fundamento. Sería preciso que el individuo se convirtiera en esclavo de su identidad, de su voluntad, de su responsabilidad, de su deseo. Sería preciso que se entregara a controlar todos sus circuitos y todos los circuitos del mundo que se cruzan en sus genes, en sus nervios, en sus pensamientos. Servidumbre increíble.

Mucho más humano es depositar nuestra suerte, nuestro deseo, nuestra voluntad en manos de alguien. Circulación de la responsabilidad, declinación de las voluntades, transferencia perpetua de las formas.

Ya que mi vida se juega en el otro, se vuelve secreta para sí misma. Como mi voluntad se transfiere al otro, se vuelve secreta para sí misma.

176

Existe siempre una duda respecto a la realidad de nuestro placer y a la exigencia de nuestra voluntad. Paradójicamente, jamás estamos seguros de ellos, y nos parece que el placer del otro es menos aleatorio. Al estar más cercanos a nuestro placer, también estamos mejor situados para dudar de él. La proposición que pretende que cada uno de nosotros presta más crédito a sus propias opiniones, subestima la tendencia inversa que consiste en subordinar la propia opinión a la opinión mejor fundada de otras personas (al igual que en el erotismo chino se subordina el propio placer para asegurar el del otro, y extraer de ahí una energía y un conocimiento profundizados). Es posible que la hipótesis del Otro no sea más que la consecuencia de la duda radical respecto a nuestro deseo.

Si la seducción juega sobre la intuición de lo que en el otro permanece eternamente secreto para él mismo, sobre lo que jamás sabré de él y que, sin embargo, me atrae bajo el sello del secreto, ya no queda mucho espacio abierto a la seducción, puesto que en la actualidad el otro ya no tiene misterio para él mismo. Todo el mundo está diabólicamente al corriente de sí mismo y de su propio deseo. Todo es tan sencillo que hasta el que se mueve enmascarado se cubre de ridículo. ¿Dónde está, entonces, el poker de la seducción? ¿Dónde está incluso la ilusión del deseo, salvo en la ilusión teórica del psicoanálisis y en la ilusión política de las revoluciones?

Ya no somos capaces de creer, sino de creer en el que cree. Ya no somos capaces de amar, sino únicamente de amar al que ama. Ya no somos capaces de saber lo que queremos, sino de querer lo que otro quiere. Es una especie de derogación general en la que el querer, el poder, el saber no están abandonados, sino apartados a una segunda instancia. De to-

177

das maneras, sólo vemos, a través de las pantallas, fotos, vídeos, reportajes, lo que ya ha sido visto por otros. Sólo somos capaces de ver lo que ha sido visto. Delegamos a unas máquinas la preocupación de ver por nosotros, de la misma manera que pronto dejaremos a los ordenadores la preocupación de decidir. Todas nuestras funciones, incluso las orgánicas o las sensoriales, son relevadas por satélite. Es algo que podemos relacionar con el desenganche físico del placer: de la misma manera que el deseo no es la necesidad, el placer no es la satisfacción. Ambos se *apuntalan* en la necesidad y la satisfacción, son estrategias de la segunda instancia.

De todos modos, es mejor ser controlado por otro que por uno mismo. Es mejor ser oprimido, explotado, perseguido, manipulado por otro que por uno mismo.

En ese sentido, todo el movimiento de liberación y emancipación que apunta a una autonomía mayor, es decir, a una profunda introyección de todas las formas de control y presión bajo el signo de la libertad, es una forma de regresión. Sea lo que sea lo que nos viene de fuera, aunque se trate de la peor explotación, el hecho de que venga de fuera es un rasgo positivo. Es el beneficio de la alienación, que otros deploran por el hecho de estar desposeído de sí mismo —convirtiéndose el otro en el enemigo hereditario, ya que posee la parte alienada de nosotros—. De ahí una teoría inversa y no menos simplista de la desalienación como reapropiación por el sujeto de su voluntad y su deseo. Bajo esta perspectiva, todo lo que llega al sujeto de sí mismo y por sí mismo es bueno, en tanto que auténtico, y todo lo que llega de fuera es considerado inauténtico, en tanto que escapa a la esfera de su libertad.

Hay que insistir en la posición exactamente inversa y ampliar la paradoja. De la misma manera que es mejor ser controlado por otro, siempre es preferible ser feliz, o desdichado, por otro que por uno mismo. Siempre es mejor depender en nuestra vida de algo que no dependa de nosotros. Esta hipótesis me libera de cualquier servidumbre. No tengo por qué someterme a algo que no depende de mí, incluida mi propia existencia. Tengo la libertad de mi nacimiento y puedo tener la de mi muerte en ese mismo sentido. Jamás ha existido otro tipo de auténtica libertad. De ahí nacen todos los juegos, todas las bazas, todas las pasiones, todas las seducciones: de algo que nos es completamente extraño y que, sin embargo, tiene poder sobre nosotros. De lo que es Otro, y que tenemos que seducir.

Esta ética de la devolución supone una filosofía de la sutileza. La sutileza es el artificio fundamental, es el hecho de que no vivimos de nuestra propia energía, de nuestra propia voluntad, sino de la que sutilizamos, *birlamos* a los demás, al mundo, a los que amamos, a los que odiamos. Vivimos de una energía subrepticia, de una energía robada, de una energía seducida. E incluso el otro sólo existe gracias a este movimiento indirecto y sutil de captación, de seducción, de devolución. Entregar a otro el hecho de querer, de creer, de amar, de decidir, no es desistimiento, sino una estrategia: convirtiéndole en nuestro destino, extraemos de él la energía más sutil. Al entregar a algún signo o acontecimiento la preocupación de nuestra vida, le sutilizamos, le birlamos la forma.

Esta estrategia está lejos de ser inocente. Es la de los niños. Si bien los adultos hacen creer a los niños que ellos son adultos, los niños, por su parte, *dejan* creer a los adultos que ellos son niños. De las dos estrategias, la última es la más sutil, pues si bien los adultos creen que son adultos, los niños no creen que sean niños. Lo son, pero no lo creen. Navegan bajo la bandera de la infancia como bajo una bandera prestada.

Su astucia (y su seducción) es total. No están lejos, por otra parte, de la especie microbiana de Schnitzler: son como una especie diferente cuya vitalidad y desarrollo sobreentiende la destrucción del mundo superior que les rodea (el de los adultos). La infancia se mueve en el universo adulto como una presencia sutil y asesina. En ese sentido, el niño es el otro del adulto: es su destino, la forma infusa más sutil, y le niega de manera inexorable, moviéndose por él con el donaire de lo que no tiene voluntad propia.

Lo mismo ocurre con las masas. También ellas navegan bajo la apelación de masas como bajo un destino prestado. También ellas han crecido en la oscuridad de lo político como una especie extraña, hostil, ininteligible, casi una especie biológica cuya virulencia espontánea es destructora de cualquier orden político. También ellas son el otro del poder, el protagonista ciego que atormenta el laberinto de lo político, aquel que el poder no consigue conocer, ni nombrar, ni designar. Y si ejercen esta fuerza sutil de alteración, es que utilizan la misma estrategia inconsciente de dejar-querer, dejar-crecer. No incurren en el peligro de creer en su propia calidad de masas; privadas de subjetividad y de palabra, jamás han pasado por la fase del espejo político, cosa que les distingue de toda la clase política cuyos miembros creen o fingen creer en su excelencia. Su cinismo siempre quedará lejos de igualar el cinismo objetivo de las masas respecto a su propia esencia (pues carecen de ella).

Esto asegura a la masa una buena cabeza de ventaja, pues los otros *creen* que está alienada y ella se lo deja creer. La propia feminidad participa de esta ironía «lasciva». Dejar creer a los hombres que son hombres, mientras que ellas, secretamente, no creen ser mujeres (de igual manera que los niños no creen ser niños). El que deja creer siempre es superior al que cree y al que hace creer. La trampa de la liberación

sexual y política de la mujer consistió precisamente en hacer
creer a las mujeres que son mujeres: entonces vence la ideología de la feminidad, el derecho, el estatuto, la idea, todo eso
domina con la creencia en su propia esencia. Ahora «liberadas», se pretenden mujeres, y se ha perdido la ironía superior
de la comunidad. Es una desdicha que no perdona a nadie
—así, los hombres, creyéndose hombres libres, cayeron en la
servidumbre voluntaria.

> «... El hombre que propongo es creado desde el exterior, es
> en su esencia incluso inauténtico, no siendo jamás él mismo, y
> definido por una forma que nace entre los hombres. Eterno ac-
> tor, sin duda, pero actor natural, pues su artificio le resulta con-
> génito, y es incluso uno de los caracteres de su estado de hom-
> bre... Ser hombre quiere decir ser actor, ser hombre es simular
> al hombre, comportarse como un hombre no siéndolo en pro-
> fundidad, interpretar la humanidad... No se trata de aconsejar al
> hombre que se despoje de su máscara (cuando detrás de ésta no
> hay ninguna cara); lo que se le puede pedir es que tome con-
> ciencia del artificio de su estado y que lo confiese.
>
> Si estoy condenado al artificio...
> Si jamás se me permite ser yo mismo...»
>
> GOMBROWICZ

Se considera una gran afectación el simular ser un hombre, el no ser uno mismo. Toda nuestra cultura de la verdad y
la sinceridad reprueba la afectación, esta manera sutil de regu-
lar el propio destino sobre signos exteriores, signos «inauténti-
cos». La afectación es ese insólito estado de ánimo en el que
se toma justamente conciencia, como dice Gombrowicz, del
artificio del propio estado, y que consiste en crear una especie
de doble artificial, en entrar en la sombra artificial de su

doble, en producir el autómata artificial de su propia esencia y, por consiguiente, en exteriorizarse como otro, por obra y gracia de los signos. Todos nuestros autómatas, nuestras máquinas artificiales, nuestras técnicas, ¿no poseen en el fondo una gran afectación?

Cuando Andy Warhol afirma: «Quiero ser una máquina», enuncia la fórmula del máximo esnobismo. Al sumar su máquina especial al sistema de las máquinas y objetos maquinados, con un diminuto incremento de simulación y de facticidad, desbarata la maquinación. Allí donde la máquina corriente produce el objeto, Warhol produce la finalidad secreta del objeto: ser reproducido. Lo reproduce en su ultrafinalidad, en el sinsentido secreto que emana del mismo proceso de la objetualidad. Allí donde los demás buscan un suplemento de alma, él busca un suplemento de máquina. Allí donde ellos buscan un suplemento de sentido, él busca un suplemento de artificio. Cada vez menos él mismo, cada vez más afectado, así es como toca el encanto de la máquina, a través de la reproducción de la exactitud banal del mundo. Cada vez menos sujeto de deseo, cada vez más próximo a la nada del objeto.

EL OBJETO COMO ATRACTOR EXTRAÑO

En último término, las figuras de la alteridad se resumen en una: la del Objeto. Sólo queda la inexorabilidad del Objeto, el irredentismo del Objeto.

Incluso en el horizonte de la ciencia, el Objeto aparece cada vez más inaprehensible, en sí mismo inseparable y por tanto inaccesible al análisis, eternamente versátil, reversible, irónico, decepcionante y riéndose de las manipulaciones. El sujeto intenta seguirle desesperadamente, al precio del sacrificio de los postulados de la ciencia, pero el Objeto se halla incluso más allá del sacrificio de la razón científica. Es un enigma insoluble, porque no es él mismo y no se conoce a sí mismo. Es como el salvaje de Chesterton: si no le entendemos, por la misma razón él no se comprende a sí mismo. Obstaculiza así cualquier comprensión. Su fuerza y su soberanía consisten en ser extraño a sí mismo, exactamente al contrario que las nuestras. El primer gesto de la civilización será tenderle un espejo, pero sólo se reflejará en apariencia; en realidad, él es el espejo donde el sujeto acude a atraparse en su propia ilusión.

Entonces, ¿dónde está el otro de la ciencia? ¿Su objeto? Ha perdido su interlocutor. Al igual que los «salvajes», no parece haber respondido realmente con el diálogo. Parece que no sea un buen objeto, que no respete la «diferencia», que escape secretamente a los intentos de evangelización científica (de objetivación racional) y que se vengue de haber sido «comprendido» destruyendo a su vez subrepticiamente los fundamentos del edificio científico. La carrera-persecución diabólica del Objeto y del sujeto de la ciencia es un asunto a seguir.

Como atractor extraño, sólo queda el Objeto. El sujeto ya no es un atractor extraño. Le conocemos demasiado bien, él mismo se conoce demasiado bien. El Objeto es lo apasionante, pues es el horizonte de mi desaparición. Es lo que la teoría puede ser para lo real: no un reflejo, sino un desafío y un atractor extraño. Así es la búsqueda en potencia de la alteridad.

Hay dos maneras de superar la alienación: o la desalienación y la reapropiación de uno mismo —fastidioso y bastante desesperanzador actualmente—, o el otro polo, el del Otro absoluto, el del Exotismo absoluto. La alternativa está en el fuera exponencial, virtualmente definido por una excentricidad total. Ya no hay que contentarse con la alienación, hay que ir al más otro que el Otro, a la alteridad radical.

La forma dual de la alteridad supone una metamorfosis inapelable, un reino inapelable de las apariencias y las metamorfosis. Yo no estoy alienado. Yo soy definitivamente otro. Ya no estoy sometido a la ley del deseo sino al artificio total de la regla. He perdido cualquier huella de un deseo propio. Sólo obedezco a algo inhumano, que no está inscrito en la interioridad sino exclusivamente en las vicisitudes objetivas y arbitrarias de los signos del mundo. De la misma manera que lo que se designa como fatal en las catástrofes es la soberana indiferencia del mundo a nuestro respecto, también lo que se designa como fatal en la seducción es la soberana alteridad del

Otro a nuestro respecto. La alteridad que irrumpe en nuestra vida bajo la apariencia de un gesto, de un rostro, una forma, una palabra, un sueño profético, una agudeza, un objeto, una mujer, un desierto cuya evidencia es fulgurante.

Cuando aparece este Otro, posee de un plumazo todo lo que nosotros jamás conseguiremos saber. Es el lugar de nuestro secreto, de todo lo que en nosotros ya no pertenece al orden de la verdad. De modo que no es, como en el amor, el lugar de nuestra semejanza, ni, como en la alienación, el lugar de nuestra diferencia, ni el ideal-tipo de lo que somos, ni el ideal oculto de lo que nos falta, sino el lugar de lo que se nos escapa, aquel por donde escapamos a nosotros mismos. Ese Otro no es el lugar del deseo o la alienación, sino del vértigo, del eclipse, de la aparición y la desaparición, del centelleo del ser, si puede decirse (pero no hay que decirlo). Pues la regla de la seducción es precisamente el secreto, y el secreto es el de la regla fundamental.

La seducción sabe que el Otro jamás está al término del deseo, que el sujeto se engaña buscando lo que ama, que cualquier enunciado se equivoca buscando lo que dice. El secreto siempre es el del artificio. Es la necesidad de apuntar siempre fuera, de no buscar jamás al Otro en la ilusión terrorífica del diálogo sino seguirle como su sombra, delimitarle. No ser jamás uno mismo, pero jamás tampoco alienado: dejar de inscribirse en la figura del Otro, en la forma extraña venida de fuera, en esta figura secreta que ordena tanto los procesos de acontecimientos como las existencias singulares.

El Otro es lo que me permite no repetirme hasta el infinito.

INDICE